戦国「おんな家長」の群像

黒田基樹

笠間書院

目次

序章　なぜ「おんな家長」に注目するのか

「おんな家長」とは

「おんな家長」という言葉は、あまり聞き慣れないであろう。それもそのはずで、この用語は、私が最近になって、ある目的を持って、使用するものになったものだからである。これを最初に明確に用いたのが、拙著『今川のおんな家長　寿桂尼《じゅけいに》』（平凡社）になる。戦国大名家において、男性家長に代わって、家長権を行使した女性について、この用語で表現しようとするものである。そして本書では、戦国時代に、戦国大名家・国衆《くにしゅう》家にみられた「おんな家長」について、具体的に取り上げていこうというものである。以下では少し堅苦しい内容になるが、「おんな家長」の存在を認識するにあたって前提となる事柄について、述べることにしたい。

　戦国大名は、戦国時代に存在した領域国家である。たいていは数郡から一国規模の、一円的・排他的な領国を形成し、それを全くの自力によって統治する領域的な国家権力であった。戦国大名のなかには、数か国を領国とする大規模な存在もみられた。同時に、戦国大名よりも規模は小さく、一郡から数郡規模の領国を形成する領域国家も普通に存在していて、これを国衆と定義している。ただし国衆は、領国統治については自力で行っていたが、軍事的には自力で存立することができず、戦国大名の軍事的統制下に位置した。戦国時代の列島社会は、こうした戦国大名・国衆という領域国家が多数、林立していた。戦国時代とは、列島社会が、そうした多数の領域国家によって、分権的な統治が展開されていた時代といえる。

それが戦国時代が進行していくなかで、周辺の多くの国衆家を服属させて、広大な領国を形成する大規模戦国大名が登場するようになった。そうしたものが、奥羽の伊達、関東の北条、中部の武田、北陸の上杉、東海の今川・徳川、畿内の三好・織田、中国の大内・毛利、四国の長宗我部、九州の大友・島津、といった大大名である。そしてそれら大大名同士の戦争が展開されていくなかで、大大名を服属させていく統一政権が形成されていった。その結果が、「天下人」による各地の大大名家の統合による統一政権の成立となる。それは天正十八年（一五九〇）に、羽柴（豊臣）秀吉が関東の北条家を滅亡させ、その他の関東・奥羽の大名・国衆家を服属させたことで、最終的に確立をみた。

戦国大名・国衆の領域国家は、大名・国衆家の当主を中核にした「家」によって運営される、「家」権力という形態がとられていた。日本では、古代の八世紀に中国からの律令制の輸入から、七〇年ほど前のアジア・太平洋戦争の時期まで、家父長制原理によって社会が編成されていた。家父長制は本来は、中国でみられたものであったが、律令制の輸入にともなって日本社会にも導入された。それが戦中期まで、社会の基本原則となっていた。家父長制とは、父系の男子によって社会における権益が管轄され、相承されていく仕組みである。その家父長制原理のなかから、社会における主体として形成されたのが、「家」組織であった。

ここでいう「家」とは、現代でいうような家屋や家族の意味ではなく、家産をもとに家業を展開し、それに従事する構成員を包含した生産組織、経営体であり、すなわち企業の性格にあたる。およそ十一世紀頃に京都朝廷の貴族層で形成がみられるようになり、それが十三世紀には武家層に、十五世紀から十七世紀には庶民層においても確立をみるようになったと考えられている。この「家」の頂点に位置し、「家」に関するすべての権限を管轄していたのが、「当主」と称された存在であった。ところがこの「家」原理が成立した当初から、当主から引退した前当主が、そのまま家長として君臨する事態がみられた。早いところで、天皇家における院、摂関家における「大殿」である。武家においても前将軍の「室町殿」「大御所」などである。そのため「家」権力では、基本的には当主が家長として存在したが、場合によっては前当主が依然として家長として存在し続けることが普通にみられるようになっていた。

さらに戦国時代の戦国大名・国衆になると、前当主と現当主がともに家長権限を分有し、共同あるいは棲み分けして領国統治や軍事・外交活動を展開する事例が、顕著にみられるようになる。これを両頭制・両頭政治などと称している。代表的なところでは、北条家での氏康と氏政、氏政と氏直、今川家での義元と氏真《うじざね》、毛利家での元就《もとなり》と隆元、元就と輝元、大友家での宗麟（義鎮）と義統《よしむね》、といった事例があげられる。さらには「天下人」や統一政権においても、織田信長と信忠、羽柴（豊臣）秀吉と秀次、徳川家康と秀忠、秀忠と家光、といった具合にみられた。

とはいえそのように家長として存在したのは、基本的には当主や前当主であり、それらは男性であった。家父長制の社会であったからである。そうしたなかで、戦国大名・国衆家では、女性が事実上の家長として存在した事例を、かなりの数について検出することができる。そのように女性が家長権を行使している存在を、「おんな家長」として括《くく》ることで、戦国大名・国衆家の運営において、女性の果たした役割に注目することができる。

戦国大名・国衆家の「家」構造

もっとも女性が「家」の当主になったり、事実上の当主として家長権を行使した事例は、早い時期にもみられていた。例えば、鎌倉幕府における「尼将軍」北条政子や女性地頭などの存在である。後者の場合などについては、「女性当主」と表現されている。ただし当主と家長は、すでに述べたように、必ずしも一致したわけではなかった。「家」権力における最高権力者は、あくまでも家長であった。また戦国大名・国衆家において、女性当主の存在はほとんど確認できない。そのため家長の存在に注目し、「女性当主」ではなく、「おんな家長」に注目することが重要と考える。

　家長という立場に注目する理由には、もう一つある。室町時代の半ば頃から、上級公家では、「家」妻という存在が明確にみられることが明らかにされている。本来は当主にして家長の正妻が、家の主婦権を管轄していたものが、次代当主に代替わりし、その正妻が存在していたとしても、依然として前当主の正妻、あるいは前当主が死去しての「後室《こうしつ》」「後家」が、家の主婦権を管轄し続けている状況がよくみられるようになる。これを男性家長に対比して、家の主婦権を管轄する存在について、そのように括っている。

　もっとも鎌倉時代・室町時代において、そうした前当主の正妻、あるいは当主の母としてそのような役割を担ったことについては、「後家役割」として認識されている。しかし「家」妻として認識することで、それが当主の正妻に交替される事態を、明確に認識することができるようになる。そもそも「後家役割」は、基本的には前当主が死去した「後室」「後家」を対象にしたものであり、また何時まで継続されるものであったのか、必ずしも明確ではなかったように思う。しかし「家」妻と認識することで、前代からの継承、次代への継承の状況を、明確に認識できるものとなる。あるいはそこには、時代による「家」構造の変化があるのかもしれない。

このように室町時代半ば頃から戦国時代にかけて、公家・武家という支配者層においては、男性家長と女性「家」妻のコンビによって、「家」権力の統括が行われていたとみなされる。男性家長は、当主であることが多いが、それに限られず、前当主の場合も多かった。「家」妻についても、当主の正妻であることが多いが、やはりそれに限られず、前当主の正妻、すなわち「後室」「後家」の場合も多かった。そのような状況のため、「家」権力の統括者については、家長と、それと対になって存在した「家」妻というかたちで認識することが必要になってくる。

そしてこの「家」妻という存在を認識するうえで、前提になるのは、それは当主の正妻であった、ということである。戦国大名・国衆家においては、一夫多妻制がとられていた。そこでは妻は複数存在することがあった。そのなかで「家」妻であったもの、あるいはその後継を予定されたものが「正妻」、そうではなく家政の管轄に携わらないものは「別妻《べっさい》」と認識される。さらには、当主の子供を産んでいるものの、家長や「家」妻に奉公する家臣の立場にあたる女房衆として存在したものもみられたが、これは妾（いわゆる愛人）として認識される。

一般的には、戦国大名家の妻妾《さいしょう》については、「正室」「側室」という用語で表現されることが多い。しかし「側室」の用語は、江戸時代に入ってから、江戸幕府による大名家統制のなかで、大名家における一夫一妻制の成立をうけて、妾のうち事実妻となったものを表現するものであった。したがってそれ以前の時代において、その用語を使用することは不適切になる。戦国時代の大名家については、「正妻」「別妻」という妻と、女房衆の妾に大きく区分するのが適切になる。そして「家」妻は、基本的には正妻によって務められるものであった。

「おんな家長」への視点

ここまで少し小難しい内容のことを述べてきたが、「おんな家長」という存在を認識するうえで前提になる事柄であったので、了解していただきたく思う。これによって少しはその存在が認識できることになったのではないだろうか。それはすなわち、家父長制原理を基調とした社会で、社会組織として「家」権力が基本にあったなか、それを統括する存在として、男性家長があり、それと対になって「家」の主婦権を管轄する存在として、女性の「家」妻があった。「家」組織は、名目的には、男性当主とその正妻によって代表されたが、場合によっては、前当主が家長として存在し続け、前当主の正妻が「家」妻として存在し続けたことも多かった。

そのうえで「おんな家長」というのは、基本的には「家」妻の立場を前提に、さらに男性家長の役割をも担った存在になる。それは大抵、当主であった夫の死去後、「後室」「後家」の立場で、「家」妻の立場を継続し、新たな当主が幼少であったり、政務を執ることができない状態にあったり、さらには適当な後継者が得られず当主が不在であったりした時に、「家」妻が、当主に代わって、家長権を代行するものであった。あるいは当主となるべき男子がなく、「家」妻の不在であった場合には、前当主の長女が、その役割を担うこともあった。その立場は、家長と「家」妻を併せ持ったものであり、まさにその家組織のすべてを管轄する存在になる。そして戦国大名・国衆が領域国家であり、その家長は「国王」にあたったことから、「おんな家長」は、「女王」にあたるものとなる。

本書では、そうした「おんな家長」として存在したことが確認される人物を列挙し、それぞれについて、「おんな家長」としての動向を中心に、取り上げていこうとするものである。私が認識できた範囲でのことにはなるが、全部で十八人の存在を検出することができた。それぞれの事例について取り上げていくことで、戦国大名・国衆家にみられた「おんな家長」の役割とその特徴について把握することができるに違いない。それは同時に、戦国大名・国衆家の運営において、女性が果たした役割の最も先鋭的な部分を認識することができるものとなるに違いない。

第一章　戦国最初の「おんな家長」　洞松院（赤松政則後室）

洞松院の出自

最初に取り上げるのは、戦国大名家の「おんな家長」として最初に確認される、洞松院《とうしょういん》という人物である。洞松院は、室町幕府管領《かんれい》家の細川勝元（一四三〇〜七三）の娘で、勝元の嫡男の政元（一四六六〜一五〇七）には姉にあたる。播磨国の戦国大名・赤松政則（一四五五〜九六）の妻であった。

洞松院の生年、細川政元との兄弟関係、赤松政則と結婚するまでの立場については、明応二年（一四九三）に赤松政則と結婚するに際して記された記録によって知ることができる。すなわち、『蔭凉軒《いんりょうけん》日録』（相国寺鹿苑院蔭凉軒主亀泉集証の日記）に「竜安寺殿《りゅうあんじでん》（細川勝元）息女洞勝（松）院」「其の歳卅（三十）歳（数え年、以下同じ）」と、『大乗院寺社雑事《ぞうじ》記』（大和興福寺大乗院尋尊の日記）に「細川（政元）姉東（洞）松院、卅一、毗丘尼《びくに》也」と、『後法興院《ごほうこういん》関白記』（関白近衛政家の日記）に「細河京兆《けいちょう》（政元）姉別腹、比丘尼《びくに》、トウセウ院、年卅三云々」とある。

生年については、それぞれの年齢記載を逆算すると、寛正《かんしょう》二年（一四六一）か、同四年（一四六三）か、同五年（一四六四）となる。いずれが正しいのかは確定されていないが、いずれであっても政元の姉であったことは確実である。ただし三つ目の史料には「別腹」と記されているので、政元とは母が異なっていたことがわかる。そして結婚までは、「毗丘尼」「比丘尼」と記されているので、当初は出家して比丘尼となっていて、「洞松院」と称していたことがわかる。なぜ出家していたのか、その理由は判明していない。管領家の細川京兆家では、他に娘の存在も知られないので、他の娘がどのように処遇されていたのか比較することもできない。当時、禁裏《きんり》（天皇家）や室町幕府将軍家では、娘は出家するのが慣例になっていたから、細川京兆家もそれに倣っていたのかもしれない。

赤松政則との結婚

そのように出家の身にあった洞松院は、三十歳から三十三歳になった時に、還俗《げんぞく》して赤松政則と結婚することになった。夫の赤松政則は、この時、三十九歳であったから、それ以前に前妻がいた可能性が高い。しかしその場合でも、洞松院が政則死後はその後室《こうしつ》として存在したことからすると、それ以前に死去していたと考えられる。前妻が生存していて、正妻として存在していたならば、後妻の洞松院が後室になることはないからである。

婚約は、明応二年（一四九三）三月十一日（旧暦、以下同じ）に発表された（『蔭涼軒日録』『大

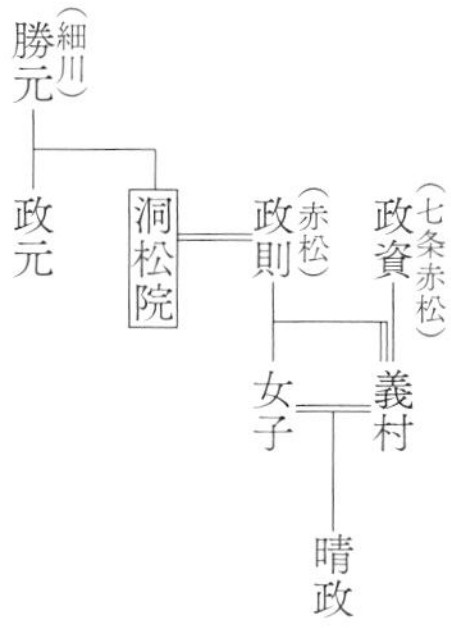

赤松氏関係系図

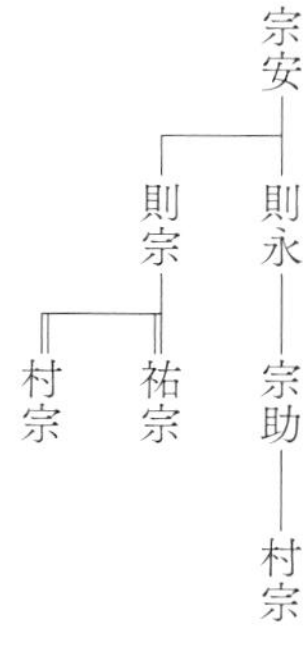

浦上氏関係系図

乗院寺社雑事記』）。そして四月二十日に、赤松家家臣の別所・富田・明石の供奉《ぐぶ》によって、京都から、この時に赤松政則が在陣していた和泉国堺（大阪府堺市）に迎えられて、結婚した。ちなみに結婚は当初は十七日に行われる予定であったが、実際には二十日に行われた（『蔭涼軒日録』）。

それまで比丘尼であった洞松院は、なぜ三十歳も過ぎたこの時になって、わざわざ還俗までして、赤松政則と結婚することになったのか。その答えは、実家の当主・細川政元の政治戦略にあり、その結果は、この結婚からわずか二日後の四月二十二日に明白になる。それはすなわち、細川政元が将軍足利義稙《よしたね》（当時は義材《よしき》）を廃し、新たな将軍に足利義澄《よしずみ》（当時は法名清晃《せいこう》）を擁立するクーデターたる「明応の政変」である。政元は二十二日に京都で清晃を擁して蜂起すると、閏《うるう》四月一日に義稙追討のため、義稙が在陣する河内に軍勢を派遣し、やがて義稙の管領畠山政長を自害に追い込み、義稙を拘束し、クーデターを成功させるのである。そしてその際に、有力な味方となったのが赤松政則であった。

　赤松政則は、当時は、播磨・備前・美作《みまさか》三ヶ国の守護であるとともに、幕府侍所所司《さむらいどころしょじ》（長官）を務める幕府の重臣であった。政元にとって、クーデターの成功のためには、畿内近国においても有力な勢力を有し、かつ幕府の重臣であった赤松家を味方にしておくことがどうしても必要であったのであろう。そのため政元は、出家していた姉を還俗させてまで、赤松政則と結婚させ、赤松家との同盟関係を形成させたのであろう。そしてクーデターは、その結婚の直後に起こされていることからしても、この結婚がまさにそのクーデターのために行われたことがわかる。

政則後室となる

　赤松政則は、洞松院と結婚してからわずか三年後の明応五年（一四九六）四月二十五日に、播磨国坂内（兵庫県加西市）で、四十二歳で死去した。これにより洞松院は、早くも政則後室の立場になった。政則は死去に際して、一族の七条流赤松政資の子道祖松《さいまつ》丸（のち義村、生年不明～一五二一）を娘の婿にして、家督を譲ることを取り決めた。その娘は名を松（瑞松院）といったが、政則の前妻の子か、洞松院の子か、明確になっていない。

前妻の子であればこの時に少なくとも八歳以上であり、洞松院の子であれば四歳以下にすぎない。また婿となった義村についても、生年は確定されていないが、いくつかの所伝のうちでは、延徳二年説か明応三年説が妥当とみなされており、この時には七歳もしくは三歳になる。とはいえこの状況であれば、娘の松が、前妻の子であったのか、それとも洞松院の娘であったのか判断は難しい。どちらの場合でも、成り立つからである。今後においてそれが判明することを期待したい。

いずれにしても政則の死後、婿養子としてその家督を継いだ義村は、まだ元服《げんぷく》前の存在にすぎなかった。義村はこの後、永正《えいしょう》四年（一五〇七）まで幼名《ようみょう》道祖松丸でみえていて、同六年から仮名《けみょう》（元服後に名乗る通称）二郎を称しているので、元服はその間のことであったと推測される。延徳二年生まれであれば十八歳から二十歳の間のこと、明応三年生まれであれば十四歳から十六歳の間のことになる。一般的な元服年齢は十五歳であることから、義村の生年は後者の可能性が高いかもしれない。

政則の死去後、赤松家では内乱が展開した。家宰《かさい》で義村を擁した浦上則宗《のりむね》（一四二九～一五〇二）、播磨東部に勢力を持った別所家、播磨北部に勢力を持った大河内赤松家の三極に分かれて、抗争が展開されたとみられている。この内乱は明応八年（一四九九）まで続いたらしい。この時期に、当主義村は幼少のため、それに代わって赤松家の家政を取り仕切ったのは、それを擁した家宰の浦上則宗であった。家宰は、当主と一心同体の関係にあり、当主の領国支配や家臣統制を代行する役割を果たした。義村幼少のなか、家宰の浦上則宗が家政を代行したのは、順当といえる。

しかし文亀《ぶんき》二年（一五〇二）に、その浦上則宗が死去した。則宗の家督は、細川京兆家重臣の安富氏の子で、則宗に養子に迎えられていた祐宗《すけむね》（一四八六～没年不明）が継いだが、その祐宗も、翌年を最後に史料にみられなくなっている。それをうけて浦上家の家督を継いだのは、則宗の甥《おい》宗助の子の村宗（一四九九か一五〇〇～三一）であったが、その時は四歳か五歳の幼少で、幼名幸松丸を称していたにすぎなかった。そのため家宰浦上家が赤松家の家政を代行することはできなかった。そこで赤松家の家政を取り仕切る立場となったのが、政則後室の洞松院であった。

洞松院黒印状の登場

その状況について、後世の編纂物ではあるが史料性は高く評価されている『赤松記』には、

「次郎殿（義村）は若年のため、御国の御成敗は、御前様（赤松松・義村妻）・めし様（洞松院）が計らい、何事も御印判で命じられた、そのため訴訟することは延期され、次郎殿の治世を待った」とある。赤松家では、洞松院を「めし様」と呼んでいたらしく、それは比丘尼であったのに政則が妻に迎えたからという（『赤松記』）。義村当主期には、その養母として、「大方」と称された。義村が大永元年（一五二一）に死去し、その子晴政（はじめ政村、一五一四〜六五）が当主になると、洞松院は「大めし」と称され、赤松松（義村後室・瑞松院）は「小めし」と称されることになる。またその時期、室町幕府からは、「赤松うばの局」と称された。

　洞松院の黒印状は、永正三年（一五〇六）十二月から同十年八月までにかけて、七通が確認されている。いずれも署名は「つほね（局）」と記し、七通のうち六通について、その下部に印文「釈」の黒印を押捺《おうなつ》している。その六通はほぼいずれも、年紀を記した公文書として出されていて、文体は女性特有の漢字仮名交じり文で、文末の書き止め文言は「かしく」となっている。残る一通は、年紀・月日を記さず、黒印も押捺していない消息の様式となっている。しかし内容は命令を通達する公文書と認識できる。さらにその他に、公家の万里小《までのこう》路《じ》秀房《ひでふさ》が義村に宛てた書状の袖（文書の書き出し部分）に、「釈」黒印を押捺したもの一通がある。

　ここで注目されるのは、何よりも洞松院が公文書を出していることにある。この当時、女性が公文書を発給することは、かなり珍しいことであった。そのうえでさらに注目されるのは、黒印を押捺していることである。これは署名下に押捺されているから、花押《かおう》の代わりに使用されたものになる。こうした印判を花押代用印と称している。この当時、女性が花押を持つことは基本的にはみられなかった。男性でも成人前であれば花押を持たなかった。そのような場合に、花押の代わりに印判が用いられるようになっていた。この洞松院の事例は、女性が、印判を使用して公文書を発給した事例として、最初の事例になっている。

しかも洞松院は、永正三年から同十年にかけての足かけ八年におよんで、黒印状を発給した。この間、当主義村の発給文書はみられず、また家宰の浦上村宗の発給文書もみられていない。したがってこの時期、赤松家の公的意志は、『赤松記』が記していたように、まさにこの洞松院黒印状で示されたのであった。ただしそれら七通は、文末に「仰せ出され候」と記され、上位者の意向を奉じる形式、すなわち奉書形式になっている。ここでの上意は、当主の義村にあたると考えられる。このことから洞松院の黒印状は、当主義村の上意を奉じる形式がとられて出されたものになる。あくまでも形式的には当主義村による決裁という体裁がとられた。しかし実際に、義村が決裁にあたったわけではなかった。

それゆえこの時期は、この洞松院こそが、当主義村の代行として、赤松家の家長権を行使した存在とみることができる。ここに洞松院が、戦国大名家において確認される最初の「おんな家長」ということができる。

黒印状の内容

最初に確認される黒印状は、永正三年（一五〇六）十二月五日付で、播磨国一宮伊和社（兵庫県宍粟市）の祝職《ほうり》（神主）・大井左衛門大夫《さえもんのだいぶ》に宛てて、同社の所領所々について、松泉院殿《しょうせんいんでん》（赤松政則）の判物《はんもつ》（花押を据えた公文書）の通りに、領有を承認したものになる（『伊和神社文書』）。ここで注意しておく必要があるのは、内容は前代当主による決裁を踏襲していることである。

二通目・三通目は、永正九年四月から六月における、播磨国吉河《よかわ》上庄の竹原村若宮社（兵庫県三木市）で行われる千部経法会の導師をめぐって、同庄の法光寺と淡河庄《おうごのしょう》石鋒寺《しゃくぶじ》（同神戸市）の相論に関するものである。

まず同年四月十九日付で、吉河上庄の領主である公家の万里小路秀房から赤松義村（「次郎」）に宛てて、導師役は法光寺が勅願寺であることと同寺が上庄別当職にあることにともなうとして、同寺に権利があることを申し入れ、道理に従った裁定を要請する書状が出された（『法光寺文書』）。この文書の袖に、洞松院は黒印を押捺している。同文書は赤松義村に宛

黒印の拡大

洞松院女房消息
（伊和神社文書／所蔵：伊和神社／写真提供：宍粟市教育員会）

てられたものであるが、法光寺に伝来されている。万里小路秀房からの書状は、赤松家にもたらされ、その内容を確認したことの証しとして、洞松院が黒印を押捺し、法光寺に与えたことがわかる。

洞松院は、これをうけて翌日の四月二十日に、一方の相論当事者の石鋒寺に宛てて、導師役について、法光寺については証拠があることを伝え、言い分があれば来二十七日に出頭し、両者の主張を踏まえて決裁することを伝える消息を出している。いわば裁判への召喚状である（『法光寺文書』）。次いで同年六月十四日付で、法光寺に宛てて、吉河上庄別当職について証拠が明白なので、同職を管轄することを承認している（『法光寺文書』）。

ここで洞松院は、領国内の寺院同士の相論について、自ら決裁したことが認識される。また赤松家の裁判システムとして、当事者双方を召喚し、双方の主張内容を点検のうえで、当主が決裁を行ったことがわかる。そしてこの場合は、当主義村の代行として、洞松院があたり、判決も自らの黒印状で決裁しているのである。

四通目は、永正九年十月五日付で、先の大井左衛門大夫に宛てて、一宮伊和社の祝職と付属の田畑について、赤松政則の判物の通りに、領有を承認したものになる（『伊和神社文書』）。一通目のものは伊和社の社領について、今回のものは大井氏の祝職と付属田畑についてと、承認の内容は異なっているものの、なぜ同時でなかったのかは疑問である。

五通目は、永正十年五月二十二日付で、重臣の小寺則職《こでらのりもと》（「加賀守《かがのかみ》」）に宛てて、播磨国加東郡浄土寺について、赤松家歴代、とくに政則の判物によって、段銭《たんせん》・諸役《しょやく》などが免除されていることをうけて、同様に免除を承認したうえで、小寺に副状《そえじょう》を出すことを指示したものになる（『浄土寺文書』）。小寺は段銭奉行であったと考えられており、この時に赤松家は領国に段銭を賦課《ふか》しようとしていたのであろうか。しかし浄土寺については、以前から免除していたため、あらためてそのことを承認したとみなされる。

六通目は、永正十年七月九日頃のもので、日付は記されていないが、これを記録する『守光公記』（公家広橋守光の日記）の記事から、その頃の発給と推定される。重臣の小寺則職に宛てて、禁裏料所加東郡穂積《ほつみ》余田の代官に、藤田新右衛門尉《しんえもんのじょう》を任じたことを通達している。

最後の七通目は、永正十年八月九日付で、加東郡清水寺《きよみずでら》の衆徒《しゅと》に宛てて、赤松家から賦課される諸役について、以前の通りに免除することを承認したものである（『徴考録』）。諸役は、以前から免除であったが、近年は徴収されていたため、清水寺からそのことについて免除の要請があり、それをうけてあらためて免除を承認したとみなされる。

以上が洞松院の七通の黒印状の内容である。領国内の神社と神職の所領の領有の承認、寺院同士の相論の裁決、寺院への段銭等免除の承認、禁裏料所への代官任命、というものであった。そのうち相論裁決と代官任命以外は、ほぼ前代政則の判物の内容を踏襲したものである。先の『赤松記』にも相論裁許は義村の治世になってから、と記されていた。前代判物の踏襲はそのことを示している。そのことからすると、法光寺と石鋒寺の相論裁決は、そこから外れるが、これは万里小路秀房からの訴訟で、外部勢力からのものであったので、あえて裁決したのであろう。また禁裏料所への代官任命についても、近年赤松家によって押領されていたところ、禁裏からの要請をうけて、その返還を指示するものとみなされる。いずれにしろそれらは、いずれも当主の役割であった。洞松院が黒印状を発給していた時期、彼女こそが赤松家当主の家長権を行使した存在であったことが、明確に認識される。

義村の成人と晴政の相続

当主の義村は、すでに永正六年（一五〇九）には元服していたが、政務をとるのはまだであった。そして同九年末頃に、将軍足利義稙から「義」字の偏諱《へんき》と、官途《かんと》（朝廷の官職に由来する通称）を与えられて、兵部少輔《ひょうぶのしょう》の官途と実名《じつみょう》義村を名乗った。しかしそれでもしばらくは、義村は政務にあたっていない。義村が政務にあたるのは、洞松院が黒印状を出していた時期よりも後になる。それはあたかも、当主が洞松院から義村に交替されたかたちにみえる。

義村の治世の開始によって、洞松院は、「おんな家長」から、「家」妻の立場に戻ることになった。しかしそれによって赤松家の政務への関与がなくなったわけではなかった。今度は「家」妻の立場で、場合によって、赤松家の政務に関わることがあった。その事例として、永正十一年八月における、播磨国鵤庄《いかるがのしょう》（兵庫県太子町）と小宅庄《おやけのしょう》（同たつの市）の相論への裁決があげられる（『鵤庄引付』）。

そこでは義村が裁判にあたったが、判決を出すことができなかったため、裁判を延期することにした。これをうけて洞松院（「大方」）は、文書一通を出して、再度年老衆（家老）が出仕した時に、審議して裁決するように、指示を出している。これは義村の判断を撤回させるものになる。義村は政務にまだ未熟であったのか、洞松院は、その判断は適切なものではないと認識したのであろう。そのため自身の判断を義村らに示したのであろう。ここに義村の治世となっても、実質的な差配は洞松院が担ったことがうかがわれる。彼女はすでに五十一歳から五十四歳になっていた。対して義村はまだ二十一歳くらいにすぎず、しかも政務を執り始めてすぐのことであった。ここに未熟な当主を補佐する、「家」妻の姿をみることができよう。

義村の政務が開始されると、家宰の浦上村宗も活躍をみせるようになった。この村宗は、『赤松記』によると、洞松院と赤松松（義村妻）に取り入り、長年におよんでこの二人の女性と懇意にしたという。赤松家の「家」妻である洞松院と、前代政則の嫡女である赤松松こそが、赤松家の家政を左右する存在であったことがうかがわれる。そして義村と浦上村宗は対立するようになり、永正十五年十一月に義村は村宗討伐を開始した。

しかし義村は、村宗を攻略することはできず、同十七年十月に村宗優勢で和睦が成立する。その結果、義村は隠居し、赤松家の家督は、七歳の義村嫡男道祖松丸（のち政村・晴政）が継承、村宗が家宰として補佐した。その際、村宗は、諸事万端、従来のように洞松院と赤松松の意向の通りに行った、といわれている（『赤松記』）。ここからすると、義村の行動は、洞松院・赤松松とそれに従う浦上村宗の政務の在り方に反発し、自立しようとしてのことであったかもしれない。

　義村方と村宗の抗争は、大永元年（一五二一）に再燃した。この間、義村は村宗に殺害されたものの、当主道祖松丸（晴政）は義村方に確保されてしまい、事実上は当主不在の状態になった。そのため村宗は、実質的には洞松院を推戴して領国支配にあたったとみなされている。その抗争も同三年に終息し、道祖松丸の帰還が果たされ、再び道祖松丸が当主として存在するものとなった。

その後の洞松院

　赤松家はその後、大永六年（一五二六）十一月には道祖松丸は元服して次郎政村（のち晴政）を名乗っている。とはいえ十三歳の年少にすぎない。赤松家の家政は、依然として洞松院・赤松松の意向のもと、家宰の浦上村宗が取り仕切っていたとみなされる。

　その大永六年十一月と十二月に、将軍足利義晴は赤松家に軍事支援を求め、赤松政村らに参陣を要請する御内書《ごないしょ》（将軍が出す書状の形式）を出した。出した先は、当主政村、家宰の浦上村宗、赤松家一族の又次郎・下野守《しもつけのかみ》（村秀）、重臣の別所小三郎・明石修理亮《しゅりのすけ》（則行）、それに「赤松うばの局（洞松院）」と「赤松こうしつの局（赤松松）」であった（『室町家御内書案』）。

通常であれば、大名家の意志決定は、当主・家宰・一族・重臣によってなされたので、大名家への命令もそれらに出すので十分のはずであった。ところがこの時の赤松家については、「家」妻の洞松院と前代義村後室の赤松松についても、御内書が出されているのである。このことはすなわち、当時の赤松家の意志決定には、洞松院と赤松松が重要な役割を果たしていたことを示している。それとともに、そのことを室町幕府も自明のこととして認識していたことがわかる。あえて他の事例にあてはめるのであれば、それは家長権の行使を保持していた前代当主にあたるものとなろう。

足利義晴は、翌同七年正月十日にも、政村・村宗とともに、洞松院と赤松松に宛てて、赤松政村に参陣を命じたことに関して、忠節を果たすよう政村に「意見」するよう要請する御内書を出している（『後鑑』）。ここでも洞松院と赤松松は、実質的に赤松家の意志決定を担っていたと認識されていたため、あらためて御内書が出されたとみなされよう。当主政村が成人したものの、まだ年少であったため、洞松院・赤松松による家政の主導が継続されていたことがわかる。そうした状況は、享禄《きょうろく》元年（一五二八）十二月二十三日付で、足利義晴が、赤松政村・浦上村宗・赤松村秀らとともに、「赤松うばの局（洞松院）」に宛てて、赤松家の支援を要請する御内書を出しているところまで（『室町家御内書案』）、確認することができる。

そしてその御内書が、洞松院の動向を示す最後の史料になっている。没年などは不明だが、それからしばらくのうちに死去したのであろう。この時、洞松院はすでに六十五歳から六十八歳になっていた。その享禄元年から、播磨では再び内乱が生じるようになった。そのなかで享禄四年六月、赤松政村は、父義村の仇ということで家宰の浦上村宗を戦死に追い込むということがあった。そしてその後も赤松家の内乱は継続し、戦国大名家として没落の途をたどっていくことになる。

そうしてみると、洞松院の死去は、赤松家の内乱に歯止めを効かなくさせたものであったといっていいかもしれない。そもそも赤松家は、洞松院の夫赤松政則の死去後から、内乱続きであった。それでも当主のもとに何とかまとまり、播磨・備前・美作三ヶ国の領国支配をそれなりに維持したのであった。それが洞松院の死去を契機にするようにして、終わりのない内乱の継続にいたったことからすれば、洞松院の存在とその役割が、かろうじて赤松家のまとまりをもたらしていた、とみることができるかもしれない。

洞松院の歴史的性格

洞松院は、当初は出家して比丘尼となっていたが、三十歳から三十三歳の時の明応二年（一四九三）に、実家の当主で異母弟の細川政元の要請により、還俗して、播磨・備前・美作三ヶ国守護の赤松政則に、その後妻として嫁いだ。これにより洞松院は、それまでと全く異なる人生を歩むものとなった。そこでは政則の正妻にして、かつ「家」妻として位置したとみなされる。

しかしその三年後に、夫赤松政則は死去してしまった。嫡男はいなかったため、一族の義村を、政則の婿養子に迎えた。その義村は、おそらくはまだ三歳くらいであったと推定される。その妻の政則娘の赤松松の年齢も明確ではなく、前妻の子か洞松院の子かも確定されていない。洞松院の子であれば、結婚後すぐに生まれたことになるが、三十歳を過ぎていた洞松院に出産が可能であったのか、判断できない。いずれにしろ彼女は、赤松家の嫡女として、いわゆる「家付き娘」の立場に位置した。

当主義村はまだ幼少だったので、当然ながら当主としての政務を執ることはできない。そこでそれを代行したのが、家宰の浦上則宗であった。しかしその則宗も文亀二年（一五〇二）に死去してしまい、しかもその後継者の養子祐宗も、その翌年までしか活動が確認されない。浦上家の家督は、則宗の甥の子村宗が継いだが、まだ四、五歳にすぎず、家宰の役割を担うことはできなかった。当主・家宰ともに幼少のため、赤松家では家政を取り仕切る存在が不在となった。

洞松院が、当主の家長権を代行し、「おんな家長」として存在するようになるのは、このような事情からと考えられる。「おんな家長」としての動向は、永正三年（一五〇六）から確認されるが、おそらくは浦上祐宗がみられなくなった後に、その立場についた可能性が想定される。当主が幼少、前代当主もおらず、家宰も不在という状況のため、家長権を行使することができるのは、「家」妻であった洞松院しかいなかったため、とみなされる。このような状況によって、戦国大名家最初の「おんな家長」が誕生することになった。

洞松院による政務は、基本的には前代政則による決裁内容を踏襲する、すなわち「代替わり安堵」（当主の代替わりにともなって行われる、従前の権利・権益内容の保証）に限られていた。新規の決裁や相論裁許は、義村が政務を開始するまで延期と取り決められたと伝えられ、実際にもその状況にあった。ただし京都の公家からの訴訟の場合についてのみ、洞松院が決裁を行っている。これは外部勢力からの訴訟のため、あえて対応せざるをえなかった、と考えられる。

洞松院による当主代行は、永正十年まで続いた。そこでは印文「釈」黒印を押捺した黒印状七通が赤松家の公文書として出されており、内容了承を示す証判《しょうばん》として一通に押捺している。ただしそれらはいずれも、当主義村の上意を奉じる奉書形式がとられていた。上意はあくまでも当主義村によるという体裁が堅持されていた。実質的には、義村に判断能力はなかったから、それらは洞松院による決裁であったが、建前としては義村の上意とされていた。

ここからこの場合、洞松院であっても、上意そのものを示すことはできなかったことが確認される。

義村は永正六年には元服し、同十一年から政務を開始する。洞松院の立場はもとの「家」妻に戻った。しかし「家」妻として、義村の決裁に問題があれば、それを覆し、再審理させており、義村の上意に介入をみせている。またその頃から浦上村宗も家宰として活動するようになった。義村の政務開始は、この家宰の政務参加にともなうものであったともみられる。しかし義村と村宗は対立し、同十五年に義村は村宗討伐を図り抗争が起きる。村宗は、洞松院と赤松松の意向に従ったと伝えられるから、家政の実権をめぐり、洞松院・赤松松・村宗と義村の対立があったことがうかがわれる。

抗争は村宗が勝利し、義村は隠居させられ、その嫡男晴政が家督を継いだ。晴政は幼少であったため、家政は村宗が家宰として代行した。ここで洞松院はかつてのような「おんな家長」として登場していない。それは家宰として村宗が存在していたからであろう。ここから家宰が健在であれば、「おんな家長」が登場する必要はなかったことがわかる。しかしその後も「家」妻として家政に関与し続けた。

当主晴政が成人後も、年少であったため、室町幕府から、当主・家宰・有力一族・有力家老に並んで、義村後室の赤松松とともに、命令を受けた。これは実質的には、前代当主に準《なぞら》えられたものと認識される。そして洞松院のそうした動向は、最後の史料となる享禄元年(一五二八)まで確認される。ちなみにその時、赤松松は同時にはみえていない。もしかしたらそれまでに、赤松松は死去し、前代当主に準ずる存在は洞松院のみになっていたのかもしれない。

ともあれ洞松院は、明応二年に赤松政則の正妻となってから、赤松家の「家」妻として存在し続けていた。その年数は足かけ三十六年にもおよんだ。そのなかで永正三年(一五〇六)から同十年までの八年間については「おんな家長」として存在した。他に当主を代行する存在がみられなくなった時に、「家」妻が当主代行を果たすことができたことがわかる。その前提になる「家」妻としても、当主の領国支配への関与、外交への関与が確認された。戦国大名家の「家」妻には、それらの能力が必要であったことが認識される。

第二章　最も活躍した「おんな家長」　寿桂尼（今川氏親後室）

寿桂尼の出自と結婚

　戦国大名家の「おんな家長」として、最も多くの活躍をみせたのが、寿桂尼《じゅけいに》である。何よりも戦国大名家の女性としては最も数量が多い、二七通におよぶ公文書を発給している。しかもそのうちの一五通が、「おんな家長」として出したものになる。前章の洞松院《とうしょういん》の発給文書数が七通であったことと比べればわかるように、その数量は圧倒的である。戦国大名家の女性で、寿桂尼ほど多くの発給文書を残した人物は、他にはいない。そのため寿桂尼は、戦国大名家の「おんな家長」の代表的存在ということができる。

　寿桂尼という名は後世での通称であり、出家後に法号の「長勝院《ちょうしょういん》」、法名の「寿桂」を称したために、その名で呼ばれるようになっている。寿桂尼は、文明十八年（一四八六）頃に、京都の中級公家の中御門宣胤《なかみかどのぶたね》（一四四二～一五二五）の次女として生まれたと推定される。母については不明である。兄弟姉妹には、兄に中御門家を継承した宣秀《のぶひで》（一四六九～一五三一）、公家の四条家を継承した隆永（一四七八～一五三八）、僧侶となった真性院宣増《しんしょういんせんぞう》があり、姉に越前朝倉家家臣青木康忠妻と推定されている人物、妹に公家の山科言綱《やましなときつな》妻（一四八七～一五六九）がいた。

寿桂尼は、永正元年（一五〇四）八月頃に、駿河・遠江《とおとうみ》二ヶ国の戦国大名であった今川氏《うじ》親《ちか》（一四七三～一五二六）との婚約が成立したと推測され（『宣胤卿記』）、翌同二年に、京都から今川家の本拠の駿河国駿府（静岡県静岡市）に赴いて、今川氏親と結婚したと推定される。この時、二十歳くらいであった。他方の夫の氏親は三十三歳であった。寿桂尼は氏親の正妻として位置したが、今川家の「家」妻になるのはまだ先であった。この時には、氏親生母で前代義忠後室《こうしつ》の北川殿《きたがわどの》（一四五四か～一五二九）が、依然として「家」妻の立場にあった。

北川殿のこと

戦国大名今川家を成立させた真の主役は、その北川殿であった。彼女は、室町幕府直臣《じきしん》の伊勢盛定（一四二〇か～一五〇七か）の娘で、弟に戦国大名北条家を興した伊勢盛時（法名《ほうみょう》宗瑞、一四五六～一五一九）がいた。伊勢盛定は、室町幕府重臣の伊勢氏本家の分家筋であったが、本家の娘婿となることで、本家の一族として活動した。その役割のなかに、幕府と駿河今川家との取次があり、その関係から北川殿は、応仁二年（一四六八）頃に、十五歳くらいで今川義忠（一四三六～七六）と結婚したと推定されている。その当時、今川義忠は駿府を本拠にしていたから、京都から駿府に赴いたとみなされる。

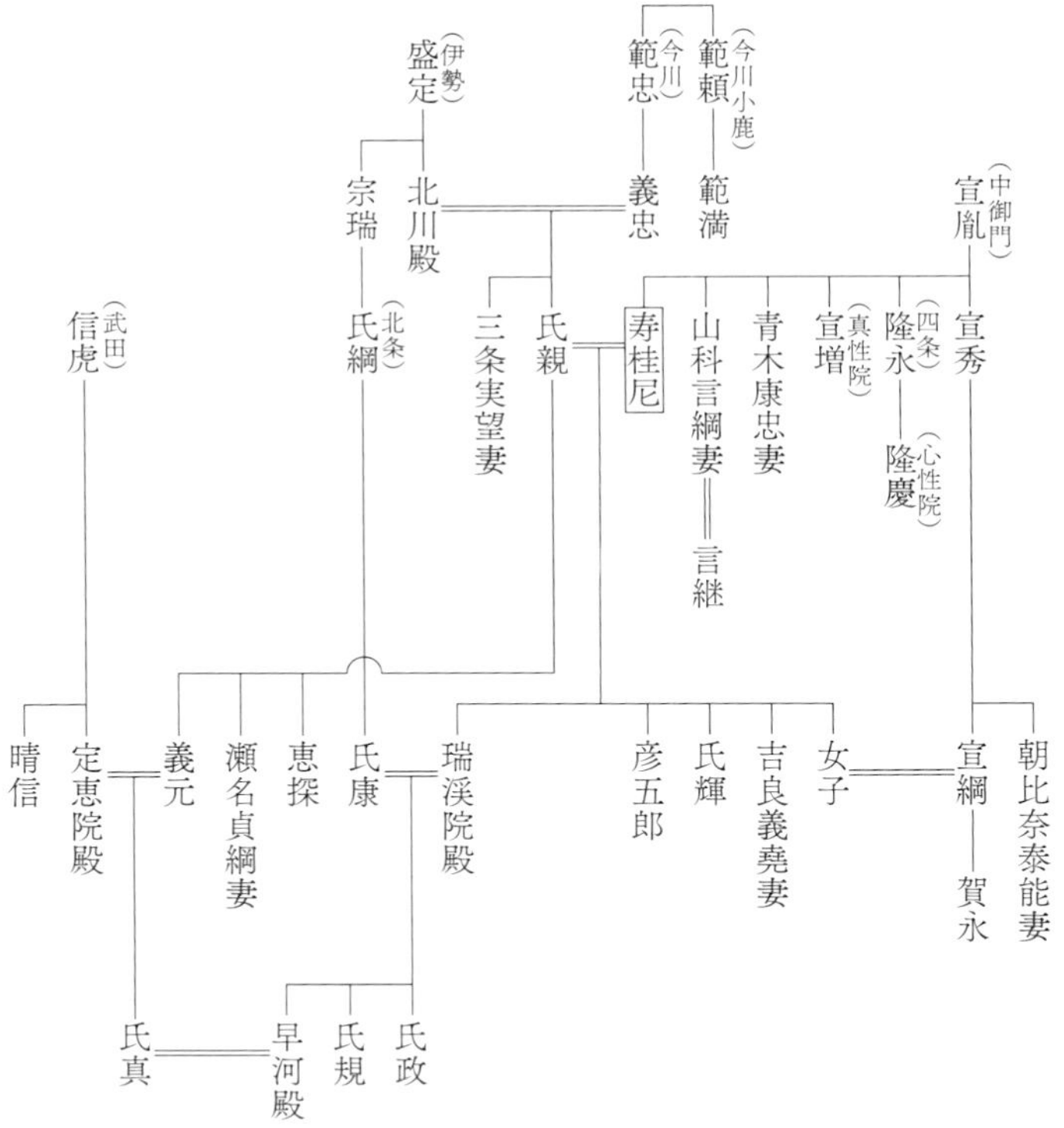
(今川小鹿)
範頼
(今川)
範忠
(伊勢)
盛定
(中御門)
宣胤
範満
義忠
北川殿
宗瑞
宣秀
(四条)
隆永
(真性院)
宣増
青木康忠妻
山科言綱妻
寿桂尼
氏親
三条実望妻
(北条)
氏綱
(武田)
信虎
(心性院)
隆慶
言継
朝比奈泰能妻
宣綱
女子
吉良義堯妻
氏輝
彦五郎
瑞渓院殿
氏康
恵探
瀬名貞綱妻
義元
定恵院殿
晴信
賀永
氏政
氏規
早河殿
氏真

寿桂尼関係系図

文明五年（一四七三）に嫡男氏親（幼名《ようみょう》竜王《たつおう》丸）を産むが、同八年に夫の義忠は遠江で戦死してしまった。氏親はわずか四歳にすぎなかったため、義忠の家督をめぐって一族・重臣のなかに異論が出され、内乱が生じ、結果として、内乱に勝利した一族の今川小鹿《おしか》範満《のりみつ》（義忠の従弟）が家督を継いだ。それにともない、北川殿・氏親母子は駿河西部に逃避し、隠棲したと伝えられているが、あるいは京都の実家を頼ったのかもしれない。北川殿は、義忠後室として存在したものの、今川家からは排除された状態になった。そのため氏親の家督継承の実現を目指し、同十一年には室町幕府将軍家の家長で前将軍足利義政から、義忠遺跡《ゆいせき》の氏親による継承を承認する御判御教書《ごはんのみぎょうしょ》（将軍が花押を据えて出す公文書）を獲得している（『今川家古文章写』）。

そして長享《ちょうきょう》元年（一四八七）十月に、弟の盛時に要請し、駿河に下向してもらい、駿河西部で蜂起させた。十一月に今川小鹿範満を滅亡させることに成功し、氏親が今川家当主になった。延徳元年（一四九九）には、範満方の勢力を鎮圧し、駿河西部・中央部の制圧を遂げ、駿河国主の地位を確立し、戦国大名今川家を興した。しかし氏親は、十五歳を過ぎたもののなかなか元服《げんぷく》しなかった。そのため領国支配は花押《かおう》の代わりに黒印を使用して、公文書を出していったが、軍事行動については、叔父の伊勢宗瑞《そうずい》が代わりに総大将を務めた。おそらく領国支配についても、宗瑞が補佐したと思われ、また北川殿も「家」妻として補佐したとみられる。

氏親が元服するのは、二十三歳になった明応四年（一四九五）のことで、ちょうど宗瑞が伊豆韮山《にらやま》城（静岡県伊豆の国市）を本拠にし、伊豆経略をすすめるようになり、氏親の後見役を離れたため、氏親は自立して領国支配を行うようになるとともに、翌年からは軍勢の総大将を務めるようになった。氏親が今川家当主になってから足かけ十年が経っていたが、その間、北川殿は「家」妻として、氏親の政務を補佐していたとみなされる。北川殿が「家」妻として存在したのは、永正八年（一五一一）まで確認され、その間では当主氏親と並んで有力寺院から贈答の対象になっている。氏親とともに、対外的に今川家を代表する役割にあったことがわかる。

その北川殿も、同十六年には、駿府館から退出し、近郊の北川屋敷に移り、「家」妻から引退して、その立場を寿桂尼に交替している。北川殿は、嫡男氏親が幼少のなか、氏親の今川家継承のために様々に尽力し、弟宗瑞の協力を得て今川小鹿範満を打倒するクーデターを成功させ、氏親が駿河国主として確立後も、元服までは様々に政務を補佐した存在であったといえる。今川家において、「家」妻が大きな役割を果たすことができる土壌は、この北川殿によって築かれたとすらいえるであろう。

当主代行の始まり

寿桂尼は、永正八年（一五一一）から同十六年の間に、北川殿と交替して今川家の「家」妻の地位についた。その頃から寿桂尼は氏親の子を産むようになっている。永正八年頃に長女吉良義堯《よしたか》妻、同十年に嫡男氏輝、同十二年頃に次女中御門宣綱妻、同十五年頃に三女北条氏康妻（瑞渓院殿《ずいけいいんでん》）、同十七年頃に四男彦五郎、という具合になる。氏親にはその他に、庶出の子として、同十二年に次男恵探《えたん》、同十六年に四女瀬名貞綱妻と三男義元（一五一九～六〇）が生まれている。それらの母は、氏親・寿桂尼の女房衆（女性家臣）であったと推測され、その選定からそれら子女についての差配は、「家」妻である寿桂尼が管轄したとみなされる。大永元年（一五二一）頃に、次男恵探と三男義元（法名承芳《しょうほう》）は出家し、寺院に入寺するが、その差配も寿桂尼が行った可能性が高いとみてよい。

夫の氏親は、永正十四年八月の遠江出陣を最後に、自ら出陣することはなくなった。それは体調が不良になったからであった。そしてその体調とは、気分が中風のようになった、というから（『宗長日記』）、いわゆる鬱病に罹《かか》ったものと推測される。軍事行動については、家老を総大将にして行ったが、そのためかその行動は激減している。領国支配については、そ

朱印の拡大

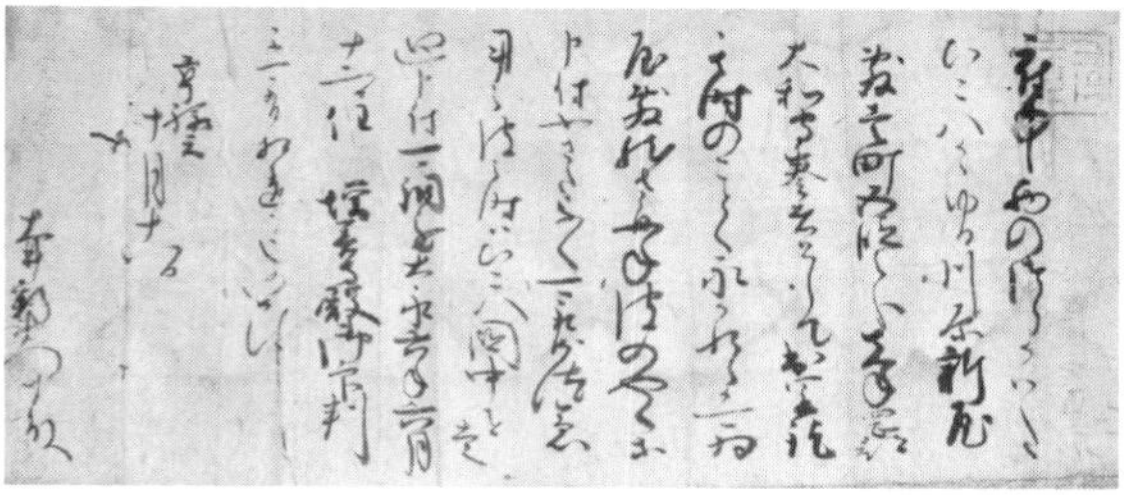

寿桂尼朱印状
（享禄元年10月18日付／駿府皮革職人関係文書／所蔵：静岡市）

のまま継続しているが、大永四年（一五二四）に眼病を患って以降は、花押を書けなくなり、代わりに朱印判を使用するようになったが、文書の発給数は大きく減少している。

大永六年になって、氏親は体調が悪化したのか、そのため隠居か死去を悟ってか、四月十四日に、嫡男氏輝の政務の見本になるものとして、それまでの裁決例を集成した分国法「今川仮名目録」を作成した。ちなみにこの分国法は、戦国大名家が法典の形式をとって作成したものとして、最初の事例になっている。その後、五月十七日付で、氏親が使用していた印文「紹貴《しょうき》」朱印を使用して公文書を出しているが、六月十二日付で出した朱印状は、同朱印よりも以前に使用していた印文「氏親」朱印が押捺《おうなつ》されている（『七条文書』）。しかも本文は、それまでの氏親の発給文書には類例のない、漢字仮名交じり文となっている。

この漢字仮名交じり文であるということ、使用している朱印が当時に氏親が使用していたものとは異なっていることから、この文書の発給は、実質的には寿桂尼によって行われたと考えられる。朱印判を、当時の氏親使用の「紹貴」朱印ではなく、それ以前使用の「氏親」朱印にして、わざと変えているのは、「紹貴」朱印では氏親による発給となってしまうからと考えられる。寿桂尼はそののち、自身の朱印として印文「帰（とつぐ）」朱印を使用するようになるが、この時にはまだ作成されていなかったので、あえて「紹貴」朱印とは異なる朱印を使用したと考えられる。

しかもこの文書の右筆《ゆうひつ》（執筆者）は、今川家の右筆であった。それはすなわち、この文書は今川家の執務室で作成されたことを意味する。今川家の右筆の執筆によって作成された文書を出したということはすなわち、寿桂尼が当主を代行して公文書を発給したことを意味している。そのような事態になったのは、おそらく氏親の病態の悪化によろう。氏親はそれから十一日後の六月二十三日に、五十四歳で死去するのであった。

ここに寿桂尼は、当主氏親の重態のなか、当主代行を務めるようになった。それは「家」妻であったからだが、とはいえ「家」妻であれば当主が政務を執れない状態の時に必ず代行を務められるわけではなかった。前章の洞松院の場合では、家宰《かさい》が存在していれば、家宰が政務を代行していた。しかしこの今川家の場合、室町時代から家宰を設置していなかったと考えられる。少なくとも氏親以降において、家宰は置かれていない。家老筆頭として三浦家・朝比奈家の両家が存在していたものの、あくまでも家老の最上位に位置したにすぎず、当主代行を果たす家宰であったわけではなかった。

今川家の政務機構では、当主代行を果たすことができる家宰は置かれていなかった。また当主の分身となって補佐する一族も存在していなかった。氏親に兄弟はおらず、一族の地位にあったのは、前代の今川小鹿家の系統と、南北朝時代に分派した遠江今川氏などの系統であり、それらは一族衆として高い家格に置かれてはいたが、当主近親の一族としてその分身を務められるような存在ではなかった。この時の今川家には、当主を補佐し代行しうる一族・家臣はいなかった。そうしたなか唯一、当主を代行しうる立場にあったのが、「家」妻の寿桂尼であった。そのため寿桂尼が、重態の氏親に代わって、政務を代行したのであった。

「おんな家長」になる

氏親の死去から八日後の大永六年（一五二六）七月二日、嫡男氏輝を主催者に、菩提寺とされた増善寺（静岡市）で氏親の葬儀が営まれた。氏輝は、氏親死去にともなって家督を継いだとみなされるが、まだ十四歳の年少であった。この葬儀で注目されるのは、寿桂尼（「御前様」）も主催者として参加していることである。しかも本堂での儀式では、当主氏輝よりも上席に位置しており、火葬場での儀式では「氏輝・御前（寿桂尼）」と一体的に位置している。これらのことから、この葬儀は、寿桂尼が事実上の主催者であったことがわかる（『今川氏親葬儀記』）。前代当主の葬儀に、「家」妻がどのように関わるのか、いまだ十分に認識できていないが、この場合の寿桂尼は、「家」妻としての役割にとどまらず、当主氏輝が年少のため、それを補佐したものと考えられるのではないか。

そしてそれから二ヶ月後から、寿桂尼は、今川家の公文書として、印文「帰」朱印を押捺した朱印状を発給するようになる。この時期、当主氏輝はまだ政務を開始しておらず、公文書を発給していない。そのため寿桂尼が、氏輝に代わって公文書を発給したのであった。こうして寿桂尼は、今川家の「おんな家長」として、今川家の政務にあたることになった。寿桂尼は四十一歳くらいのことであった。

ちなみに寿桂尼の朱印状は全部で二七通が確認されている。時期によって発給の性格に違いがあるので、時期区分を付けながら一覧を掲げる。

A

①大永6・9・26付　大山寺《だいせんじ》理養坊宛（『大山寺文書』）

②大永6・12・26付　昌桂寺宛（『正林寺文書』）

③大永6・12・28付　朝比奈弥次郎宛（『沢木文書』）
④大永7・4・7付　心月庵宛（『玖延寺文書』）

B

⑤享禄元・10・18付　大井新衛門尉宛（『七条文書』）
⑥享禄2・3・19付　大石寺《たいせきじ》宛（『大石寺文書』）
⑦享禄2・12・7付　後藤善《ぜん》右衛《え》門《もん》宛（『後藤文書』）
⑧享禄2・12・11付　妙覚寺宛（『妙覚寺文書』）
⑨享禄3・1・29付　本門寺宛（『本門寺文書』）※署名氏輝・真名文
⑩享禄3・3・18付　千代菊宛（『長谷寺文書』）
⑪享禄3・6・27付　玖延寺《きゅうえんじ》宛（『玖延寺文書』）
⑫享禄3・6・30付　極楽寺宛（『玖延寺文書』）
⑬享禄4・3・23付　酒井惣左衛門宛（『酒井文書』）
⑭享禄4・5・1付　華厳院宛（『華厳院文書』）※真名文

C

⑮天文《てんぶん》3・5・25付　大田神五郎《しんごろう》宛（『判物証文写』）※真名文・奉書式

D

⑯天文16・4・2付　瑞光院宛（『駿河志料』）
⑰天文18・10・4付　真珠院宛（『真珠院文書』）※署名長勝院
⑱天文18・11・23付　得願寺宗英長老宛（『徳願寺文書』）※署名寿桂
⑲天文18・11・23付　得願寺宗英長老宛（『駿河志料』）※署名寿桂
⑳天文19・11・17付　円竜寺宛（『円良寺文書』）
㉑天文20・5・23付　妙覚寺宛（『妙覚寺文書』）

Ｅ

㉒永禄2・6・18付　妙海寺宛（『妙海寺文書』）
㉓永禄2・12・23付　岡埜谷五郎右衛門宛（『岡埜谷文書』）
㉔永禄6・3・28付　妙覚寺宛（『妙覚寺文書』）
㉕永禄6・9・11付　峯叟院宛（『峯叟院文書』）
㉖永禄7・12・18付　けいとく院宗英東堂《とうどう》宛（『徳願寺文書』）
㉗永禄7・12・吉付　高松社神主宛（『中山文書』）

これらのうちＡＢＣが氏輝当主期、Ｄが義元当主期、Ｅが氏真《うじざね》（義元の子）当主期にあたる。

そのうちＡＢの時期が、氏輝の発給文書はみられていない、寿桂尼が「おんな家長」として存在した時期になる。Cも「おんな家長」として発給したものになるが、前後に氏輝の発給文書がみられているので、何らかの事情で氏輝が一時的に政務が執れない状態になったため、寿桂尼が代わって発給したものになる。そしてそれらの右筆は、すべて今川家の右筆となっている。そのためそれら一五通はすべて、今川家の執務室で作成され、今川家の公文書として出されたものになる。

それに対してDは、「家」妻を義元正妻の定恵院殿《じょうけいいんでん》（甲斐武田信虎娘）と交替して、「家」妻から引退していた時期のもの、Eは、駿府近郊の沓谷《くつのや》竜雲寺に引退していた時期のもので、ともに自身の所領支配のために出している。右筆も今川家のそれではなく、寿桂尼個人の右筆になっているから、それらは寿桂尼個人の家政機関の運営にともなって出されたものになる。ちなみに寿桂尼の出家が確認できるのは、天文十八年（一五四九）のことで、⑰〜⑲で法号「長勝院」・法名「寿桂」を署名していることでわかる。出家の時期は判明しないが、その二年前から所領支配のための発給文書を残すようになっているから、同年頃に「家」妻から引退したことにともなうものではなかったか、と思われる。

これらの発給文書によって、寿桂尼が、病弱の当主氏輝に代わって、政務を執ったのが、大永六年九月から同七年四月、一時的な中断があって、翌享禄元年（一五二八）十月から同四年閏《うるう》五月であったことがわかる。その時期、氏輝は文書を発給していないので、寿桂尼が、当主を代行して今川家の公文書を発給し、「おんな家長」として存在していた。その期間は合わせて三年半ほどにおよんでいる。

ただそのなかで注意しておかなくてはならないのが、本文が真名文で書かれている⑨⑭、それにCの⑮の存在である。それ以外の寿桂尼の発給文書はすべて漢字仮名交じり文であるのに、それら三通だけ真名文になっている。しかも⑨には、署名に「氏輝」と記されている。これら三通は、本来は氏輝の判物《はんもつ》として出されるはずのものであったが、氏輝が急に政務を執れない状態になったため、寿桂尼が「帰」朱印を押捺して発給したと考えられる。このことから寿桂尼の「おんな家長」の立場は、あくまでも当主氏輝が政務を執れない状態での、その代行であったことが認識される。

なお⑮は、本文終わりに「堅く成敗を加えらるところ（べしヵ）」とあり、「被（らる）」の文字が入っていて奉書形式になっている。寿桂尼の発給文書は基本的には直状形式（発給者の意志で出す形式）になっているが、これだけ上位者の意向をうけた奉書形式になっている。本文は真名文のため、本来は氏輝の判物として出される予定であったことからすると、奉書形式はそぐわないので、如何なる事情でそうなっているのか、今のところ判断できない。

「おんな家長」としての政務

寿桂尼が「おんな家長」として出した一五通の公文書の内容から、その政務の性格をみていくことにしたい。その場合、本来は氏輝の判物で出される予定にあったとみなされる三通については除外しておく。

①は寺院の寺領に対する諸役免除を安堵したものであり、「増善寺殿（今川氏親）」の判物を踏襲した代替わり安堵にあたる。これと同じように、所領の安堵や諸役免除の特権などについて、氏親判物・朱印状を踏襲した代替わり安堵にあたるものに、⑤⑥⑪がある。ここで注意されるのは、それらは氏親から氏輝への代替わりにともなって、受給者から安堵の申請が出されたため、寿桂尼が朱印状で保証したものになるが、その保証は、後の当主による代替わり安堵においては、先例として引用されることはなく、氏親判物・朱印状からの踏襲の体裁がとられたことである。このことから寿桂尼による保証は、その後の今川家においては、正式な保証とは認識されておらず、あくまでも当座の保証という性格にあったことがわかる。

②もそのことに関連する。寺院に寺領を与えたものだが、その根拠は「増善寺殿」御遺言とし、「御屋形」（氏輝）が政務を執るようになったらその判断をうける、という留保が付さ

れている。氏親の遺言によるというから、決裁は氏親生前に行われていたのかもしれないが、公文書として保証するのはこれが最初のことになった。寿桂尼は朱印状で保証したが、氏輝が政務を開始した際には、その判断をうけることを前提にしている。実際にも天文元年（一五三二）三月六日に、政務を開始した氏輝によって内容の承認が行われている。さらに半年後に、氏輝によりあらためて証文が作成されている。このことから所領を与えるという行為について、寿桂尼による保証は正式のものではなく、それは男性家長によって行われるものと認識されていたことがわかる。

しかしその一方で、氏親判物・朱印状を踏襲していない、すなわち新規の保証もみられている。③は土豪の屋敷への年貢免除、④は寺院への諸役免除、⑦は土豪の所有地の保証、⑧は寺院への諸役免除、⑩は寺院への所領の保証、⑫は寺院所領の住持による管轄の保証、⑬は土豪の所有地での林立て（林を作ること）の保証、といった具合である。割合としてはこちらのほうが多いとさえいえる。そのなかには新たに所領の領有を保証するものもある。しかしながらこれらについてはどれも、その後に今川家においてあらためて保証をうけたことが確認されない。そのためそれらの内容が、その後の今川家においても踏襲されたのかどうか、確認できない。けれどもそれらの文書は、証文として後世にまで伝来されたことを考えると、その後の当主から代替わり安堵をうける必要もなくすんでいたのかもしれない。もしそうであれば、寿桂尼の朱印状が、実質的にそれらを保証したことを認識できる。

「おんな家長」としての性格

これらの内容が、寿桂尼の朱印状にみえていることになる。寿桂尼による保証は、先例の踏襲だけでなく、新規に行われたものもあった。ただしその際、その保証は今川家としては正式のものでなく、あくまでも当座のものであり、それはあらためて後に男性家長によって行われるという認識がみられた。その場合のものに、①②⑥がある。また寿桂尼の保証が、その後の当主による代替わり安堵において、先例として引用されず、そこでは氏親・氏輝の文書だけが踏襲される状態にあった。その場合のものに、⑪がある。

このことからすると、寿桂尼による政務は、男性家長と比べた場合、かなり制限された性格にあったことになる。しかしその一方で、寿桂尼は新規の内容についても保証しており、それがのちにも有効に機能したことが想定される場合も、多くみられていた。その違いがどこにあるのか、明確に判断することはできないが、少なくとも、寿桂尼による保証のすべてが、あらためて男性家長によって再確認されたわけではなかった、ということはできよう。そうであれば寿桂尼は、新たな内容についても保証していた、と認識できる。

逆に、寿桂尼の朱印状には全くみられていない内容がある。それは、家臣所領の処置と、軍事・外交関係である。すなわち、家臣に所領を与えたり、所領相続を承認したり、家臣の所領に賦課《ふか》する諸役について免除したり、軍事行動を命じたり、戦功について承認したり、外交文書を出したり、といった事柄である。家臣は戦国大名家の権力基盤であり、その構成員にあたる。家臣団の統制は戦国大名権力の主要な側面の一つであった。また戦国大名権力は、他国との戦争によって成り立っていたから、軍事・外交も同様にその主要な側面の一つであった。これらに関して、今のところ寿桂尼が関わった形跡は確認されていない。

もし寿桂尼がそれらに関わらなかったとすれば、家臣所領への処置は、氏輝の政務開始まで先延ばしにされたことになる。軍事・外交についても、寿桂尼が政務にあたっていた時期、具体的な動向は確認できていない。氏親生前まで、今川家は甲斐武田家と抗争状態にあったが、その後は具体的な軍事行動はしていないし、氏輝が政務参加するようになった大永七年（一五二七）六月に、和睦を成立させていて、以後もしばらくは全く軍事行動していない。氏輝の軍事行動が開始されるのは、それから七年も後の天文三年七月のことであった。

寿桂尼の政務として確認できる内容は、領国統治に関するものに限られていた。家臣団統制や軍事・外交への関わりは確認されない。それが実際にも関与しなかったのか、それとも史料が残されていないだけなのか、現状では判断は難しい。かりに実際にも関与していなかったとすれば、それは関与できなかったと理解される。家臣団統制や軍事・外交の主宰は、それこそ戦国大名家の家長の権能であった。その場合には、「おんな家長」といえども、それを主宰することはできなかった、ということになる。少なくとも今川家の場合、寿桂尼が果たした「おんな家長」の役割には、それらの権能を含めてはいなかったと考えられるかもしれない。

　寿桂尼による「おんな家長」としての政務は、領国統治という側面に限定されていたように思われる。しかしそこには新たな内容の保証も行っていたように、寿桂尼の独自の判断ですすめられたことは確実である。年少かつ病弱の当主に代わって、他に政務を執ることができる存在がいなかったなか、「家」妻の寿桂尼は、その代行を担ったのである。それが一五通もの、自身の朱印状による決裁に結果していた。しかも寿桂尼による決裁は、たとえその後に男性家長によって再保証をうけた場合があったにしても、どれもその内容は有効なものとして継承されたのであった。それは寿桂尼による決裁が、そのまま今川家の公的意志として継承されたことを意味している。そのことはすなわち、寿桂尼が「おんな家長」として存在したからこそ、今川家の政務は継続されたことを意味している。

「家」妻としての活躍

当主氏輝は、天文元年（一五三二）三月から明確に政務に復帰するようになった。それにともなって寿桂尼は、「おんな家長」の役割を終え、もとの「家」妻の立場に戻った。同三年五月に、一時的に公文書を発給することがあったが、それを除けば、以後においては基本的に「家」妻の立場として存在した。ちなみに氏輝は結婚していなかったので、引き続き寿桂尼が「家」妻に位置し続けたのである。寿桂尼の動向は、戦国大名家の「家」妻の役割を認識するにあたっても、貴重な事例になっている。そのためその内容についてもみておくことにしよう。

同五年三月、当主氏輝が二十四歳で死去した。しかも同日に、氏親四男の彦五郎も十七歳くらいで死去した。これにより寿桂尼が産んだ男子はともに死去してしまった。そのため寿桂尼は、氏輝後任の当主を擁立するにあたり、庶出の氏親三男の承芳（善得寺殿、のち義元）を選定したと考えられる。しかしこれには、同じく庶出の氏親次男の恵探（花蔵殿《はなぐらどの》）と、それを擁立する家老の朝比奈氏惣領家や福島《くしま》氏一族が反発したため、内乱が生じた。この内乱を、恵探に因《ちな》んで「花蔵の乱」と称している。

寿桂尼は、両勢力の抗争が開始されたのち、恵探に何らかの保証を与えようとしたり、相手方の有力者の屋敷に赴いて説得するなど、何とか終息させようと尽力したようである。しかし結局は果たせず、同盟関係にあった相模北条氏綱から援軍を得て、恵探を滅亡させて、承芳の当主としての地位を確立させた。子供たちの関係を取り持つのは、「家」妻の役割であったと考えられていることからすると、恵探と承芳の関係を上手に取り持てなかったことは、寿桂尼にとっては痛恨であったに違いない。

内乱に勝利した承芳は、還俗《げんぞく》して家督を継ぎ、室町幕府将軍足利義晴から「義」字の偏諱《へんき》をうけて実名《じつみょう》義元を名乗った。この時、十八歳であった。またその際に、寿桂尼は義元と養子縁組して、公式には実子扱いにしたと考えられる。それによりこの後、寿桂尼は義元の母として存在する。戦乱終息後、義元は当主として領国の再把握をすすめている。すでに成人し、かつ健常な当主の登場により、寿桂尼には「おんな家長」となる余地はなかった。翌同六年二月、義元はそれまでの今川家の外交政策を反転させて、甲斐武田家と同盟を結び、武田信虎の長女定恵院殿（一五一九～五〇）と結婚した。この外交政策の転換に、寿桂尼が全く関わっていなかったとは考えがたいので、これは寿桂尼も了承してのことであったろう。

ところがこれに、同盟者の北条氏綱が反発した。北条家はそれまで武田家と抗争を繰り広げていたからである。氏綱はその結婚を阻止すべく工作したようだが、叶わず、今川家と武田家の同盟は形成された。義元の家督相続に際しては援軍を派遣して尽力したにもかかわらず、この行為は氏綱の面子《めんつ》を潰すものと認識し、氏綱は今川家と絶交し、駿河国東部の河東《かとう》地域に侵攻し、占領した。この今川家と北条家の河東地域をめぐる抗争を「河東一乱《かとういちらん》」と称している。氏綱は河東地域だけでなく、遠江・三河の今川家御一家衆や国衆《くにしゅう》を味方に付け、戦乱は今川家の領国全域で展開された。

この戦乱は、天文十四年（一五四五）まで続いた。その間に、北条家では氏康に、武田家では晴信（法名信玄）に代替わりしている。今川家の領国も駿河西部と遠江に縮小していた。その年、義元は河東地域の奪還を図り、武田晴信とともに河東に進軍し、北条氏康も迎撃のため駿河国境まで進軍した。そこで和睦を仲介したのが武田晴信で、その結果、北条家は駿河から全面撤退することを条件に、和睦が成立した。

その際、晴信に和睦の仲介を要請していたのが寿桂尼であった。寿桂尼は事前に晴信に、北条家とは血縁関係にあることをもとに、和睦を要請している（『土佐国蠧簡集残編』）。北条氏康の妻は、寿桂尼の娘（瑞渓院殿）であった。寿桂尼はその血縁関係をもとに、北条家との和睦を優先させたのであった。しかしこれについて今川家の重臣には反発があったらしく、そのため晴信は、それら今川家の重臣に、寿桂尼の要請によることを連絡している。ここからすると、この和睦は義元やその重臣の意志から出たのでなく、まさに寿桂尼の意志によるものであったことになる。だとすれば寿桂尼は、当主の外交政策を転換させるほどの外交能力を発揮したといえる。

「家」妻への復帰と引退

天文十六年（一五四七）頃、寿桂尼は「家」妻から引退し、その立場を義元正妻の定恵院殿に譲ったとみなされる。以後において定恵院殿は「御前様」と称された。寿桂尼もすでに六十二歳くらいになっていたから、引退してもおかしくはない。しかし定恵院殿は同十九年に死去してしまった。しかも義元は、その後に新たな正妻を迎えることをしなかった。そのため同二十年頃に、寿桂尼は再び今川家の「家」妻の役割を担うものとなった。

寿桂尼はこの時、駿府館から出ていて、その近所に位置した「御屋敷」という屋敷に居住していた。おそらくは「家」妻からの引退にともなって移住したのであろう。そして「家」妻に復帰することになったものの、同所への居住を続けている。ただし六十歳を過ぎて「家」妻の役割を果たすことは大変だったと思われ、おそらくはその補佐のためか、次女の中御門宣綱妻が同居するようになっている。

そこでの寿桂尼の動向として、まずは当主義元の判物の発給を取り成していることがあげられる（『石雲院文書』）。義元が出した判物には、その発給に寿桂尼の関与があったことは全く記されていない。しかし寿桂尼にそれを要請した僧侶の書状に、「御大方」（寿桂尼）に依頼して出してもらったことが明記されている。このことがなければ、その義元判物が寿桂尼の取り成しによって出されたことを知ることはできなかった。たまたま発給の経緯を記した史料が残されたため、そのことを知ることができたのであった。そうであればそのような事態は、もっと頻繁にあったことが推測される。「家」妻は、当主に働きかけて、公文書を発給させることができる影響力を持っていたのであった。

　次に弘治《こうじ》二年（一五五六）九月から同三年三月まで駿府に滞在した、公家の山科言継《やましなときつぐ》（妹御《お》黒木《くろき》の養子）にともなう動向があげられる（『言継卿記』）。そこからうかがわれる「家」妻の役割を列挙しておきたい。

　①山科言継のような客人の接待。②今川家の台所の管轄。台所配属の男性家臣を指揮し、今川家の行事などの際に食事を提供した。③当主の女房衆（愛人）を含む、「奥向き」の統括。寿桂尼を頂点とした女性家臣（いわゆる女房衆）によって「奥向き」が構成されていて、それを統括した。④当主の意向の伝達や当主への要請の働きかけ。公的な取次関係によるのではなく、内々での取次を行っていた。④身内の庇護。妹御黒木、三女北条氏康妻の四男北条氏《うじ》規《のり》、甥《おい》で次女の夫の中御門宣綱の庶子賀永《かえい》を「御屋敷」に同居させていた。同様のことは、

兄中御門宣秀の娘を家老朝比奈泰能《やすよし》と結婚させたことや、兄真性院宣増と兄四条隆永の子心《しん》性院隆慶《しょういんりゅうけい》を駿府近郊の有力寺院の建穂寺《たきょうじ》の院主に据えたこと、中御門家の一族の多くが駿府に居住したこと、などにもみることができる。

その他、発給文書から確認される役割として、当主の近親一族の菩提の管轄があげられる。寿桂尼は、氏親母の北川殿、氏親父の今川義忠、四男彦五郎の菩提寺について管轄していた。それにともない、それらの菩提を弔うことについて管轄していたと考えられる。これらのことが、寿桂尼の動向から知ることができる、「家」妻としての役割になる。

「家」妻からの引退と死去

寿桂尼は、永禄二年（一五五九）六月までに、今川家の「家」妻の立場を、当時の当主氏真（一五三八〜一六一四）の妻早河殿《はやかわどの》（一五四七か〜一六一三、北条氏康・瑞渓院殿の娘）に譲って、駿府からも退去し、近郊の沓谷竜雲寺に隠居した。早河殿はまだ十三歳くらいの年少にすぎなかったが、寿桂尼はすでに七十四歳くらいになっており、もはや限界であったのかもしれない。「御屋敷」は次女中御門宣綱妻に継承されているので、彼女が早河殿を補佐したことであろう。今川家では、弘治三年（一五五七）正月には義元から嫡男氏真への家督交替が行われていた。寿桂尼の引退は、それをうけてのことであろうと思われる。そしてこれにともなって、寿桂尼が管轄していた台所も早河殿に受け継がれ、台所配属の家臣も、早河殿の指揮下に置かれた。

寿桂尼はこの後、死去までの間に六通の朱印状を出しているが、ほぼいずれも自身の所領支配に関するものになる。その意味で寿桂尼の政治活動は、「家」妻からの引退によって、ほぼ終了をみたといってよい。しかしながら外部勢力からは、政治的に重視されていた。寿桂尼は、永禄十一年三月二十四日に、沓谷竜雲寺で八十三歳くらいで死去した。その死去の報に接した武田家は、ただちにそのことを武田信玄に連絡している（『恵林寺文書』）。この当時、今川家と武田家は、同盟関係は解消されてはいなかったが、いつ開戦してもおかしくない緊張状態にあった。武田家にとって、寿桂尼死去は重要な政治的情報であったことがうかがわれる。それはそれだけ、生前における寿桂尼の存在が、極めて政治的に重要なものであったことを示していよう。

寿桂尼の死去により、その所領は早河殿に譲られている。また寿桂尼の右筆も早河殿に引き継がれているので、寿桂尼の家政機関は、新たな「家」妻になった早河殿に継承されたことがわかる。ここに「家」妻の所領と家臣が、新たな「家」妻に継承されていたことが知られる。そもそも寿桂尼自体、前代の「家」妻の北川殿の所領を継承していた。これらのことからすると、「家」妻の所領と家臣は、代々の「家」妻に継承されることになっていたのかもしれない。

寿桂尼の歴史的性格

寿桂尼は、戦国大名家の「おんな家長」として最も多くの史料を残していて、まさにその代表的存在であった。寿桂尼が「おんな家長」を務めたのは、夫氏親の死後、家督を継いだ嫡男氏輝が年少で、かつ病弱により政務を安定的に執れないためであった。また今川家には、当主を代行することができる一族や家宰が存在していなかった。そこで唯一、当主の代行を務めることができたのが、「家」妻の寿桂尼であり、そのため寿桂尼が当主の代行を務め、「おんな家長」として存在した。ここに「おんな家長」が登場する条件を認識することができる。

寿桂尼の「おんな家長」の在り方として、何よりの特徴が、印文「帰」を押捺した独自の朱印状を出していて、それは合計で二七通を数え、そのうちの一五通が「おんな家長」として、今川家の公文書として出したものであること、そのことにある。これだけ多数の公文書を残している「おんな家長」は他例がない。それゆえにこそ、寿桂尼の存在が特筆されるのである。

そこでの寿桂尼の政務は、領国統治の側面においてみられた。その一方で、家臣団統制や軍事・外交関係への関わりはみられなかった。そのため寿桂尼が行使していた家長権は、限定されたものであった。もっとも寿桂尼が「おんな家長」として存在した時期は、延《のべ》でわずか三年半ほどの期間にすぎない。もしそれがもっと長期におよぶものとなっていたら、それらの側面への関与もあったかもしれない。

そうではなくても、その三年半という期間であったとはいえ、領国統治を担ったことは、寿桂尼の力量を示すものに他ならず、男性家長の代行が十分に可能であったことを示している。その意味からしても、その期間に寿桂尼が「おんな家長」として存在したからこそ、今川家の領国統治は継続が果たされたのであった。そこで出された一五通の朱印状は、何よりもそうした「おんな家長」の存在とその重要性を象徴する、貴重な史料なのである。

寿桂尼画像（複製）
（所蔵：静岡市／原資料は正林寺所蔵）

第三章

古河公方家の「おんな家長」

芳春院殿（足利晴氏後室）・古河姫君（足利義氏嫡女）

古河公方家とは

古河《こが》公方《くぼう》家というのは、戦国時代の関東で将軍の立場にあった足利氏一族である。その前身は、室町時代に、室町幕府から自立的に、関東を統治した鎌倉府という政権を主宰した、鎌倉公方足利家である。幕府将軍家には別家《べっけ》として位置していた。古河公方家はその嫡流家にあたる。最後の鎌倉公方足利成氏《しげうじ》は、戦国関東の幕開けとなる「享徳《きょうとく》の乱」（一四五五〜八三）にともなって、それまでの政権本拠地であった相模国鎌倉（神奈川県鎌倉市）を離れて、下《しも》総国《うさのくに》古河城（茨城県古河市）を本拠にした。それにともない「古河様」などと称された。以後においても鎌倉公方家の正嫡として存在し、基本的には古河城を本拠とし続けたため、その家系を古河公方家と称している。

古河公方家の初代が、古河城を本拠にした足利成氏であり、その後は二代政氏、三代高基《たかもと》、四代晴氏、五代義氏と相承された。享徳の乱の展開によって、関東各地の領主層では、領域権力化がすすんでいき、それらは一円的・排他的な領国を形成し統治する戦国大名・国衆《くにしゅう》として展開していった。古河公方家は、関東の将軍としてそれら大名・国衆を政治的に統制する存在で、それらに対して身分秩序編成を行い、最後まで戦国関東の政治秩序の中核に位置し続けた。しかしその一方で、大名・国衆の展開にともなって、古河公方家が直接に支配する地域は限定されていき、ほぼ初代の成氏の時期から、古河城があった下総下河辺庄《しもこうべのしょう》（茨城県西部）、近隣の武蔵太田庄（埼玉県東北部）、下総幸島《さしま》郡（茨城県西部）に限定され、古河公方家自体が、事実上は一個の領域権力と化した。

古河公方家では、二代政氏の時の永正三年（一五〇六）から、四代晴氏の天文《てんぶん》七年（一五三八）まで、公方家当主の地位をめぐる内乱が展開された。当初は政氏と嫡男高基（初名は高氏）の抗争であったが、同七年に政氏次男で鎌倉鶴岡《つるがおか》八幡宮別当職にあって「雪下殿《ゆきのしたどの》」と称さ

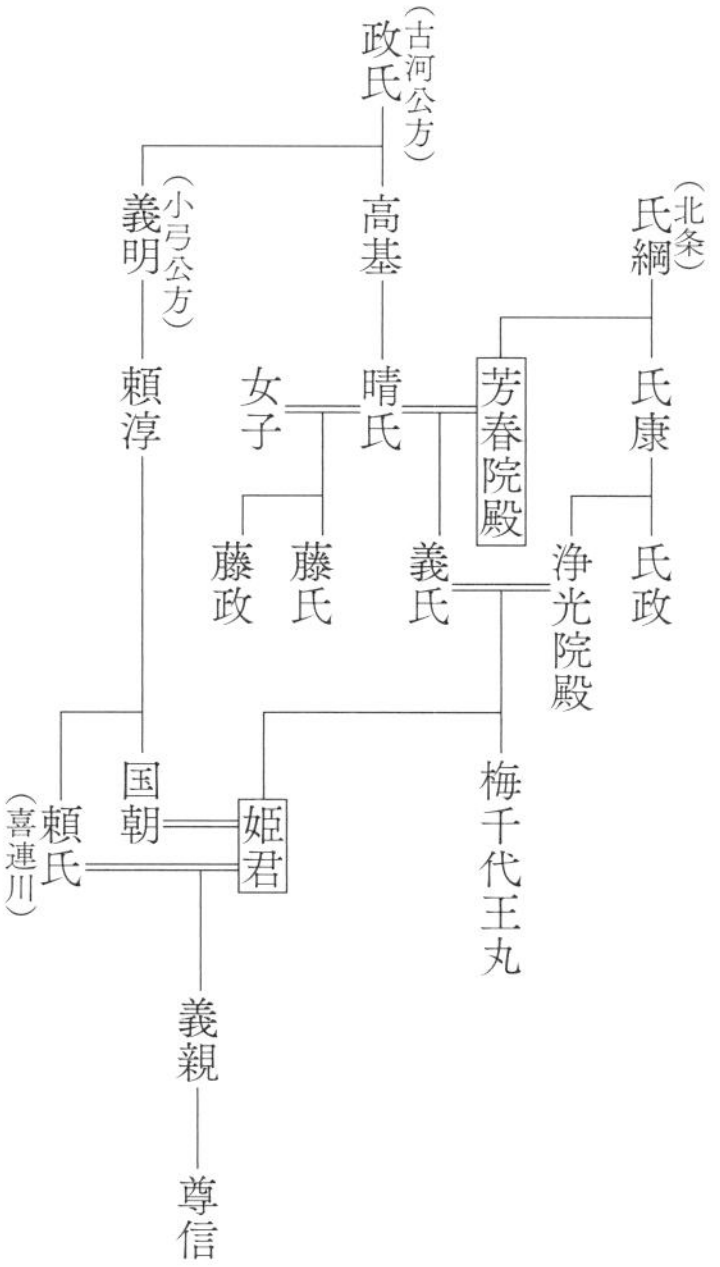

芳春院殿・古河姫君関係系図

れた空然《こうねん》が独立運動を開始し、公方家勢力は三分裂した。同九年に政氏は敗北して古河城から退去し、勝利した高基が同城に入城して、実力で公方家当主になった。しかし両勢力の抗争は継続され、それに際して空然は政氏に合流し、その政治勢力の継承者になり、やがて還《げん》俗《ぞく》して足利義明を名乗る。同十五年に政氏（当時は法名道長）が隠遁《いんとん》すると、足利義明は、上総《かずさ》真里谷《まりやつ》武田家を頼って下総国小弓《おゆみ》城（千葉県千葉市）に入部して、小弓公方家を興し、引き続いて高基に対抗した。

　享禄二年（一五二九）から同四年には、高基と嫡男晴氏による家督をめぐる抗争が生じた。晴氏が勝利し、高基は隠居して、晴氏が公方家当主になると、その後は晴氏と義明の抗争が展開された。その抗争に決着が付いたのが、天文七年の第一次国府台《こうのだい》合戦である。古河公方領国に侵攻してくる足利義明に対し、四代晴氏は相模北条氏綱にその追討を要請した。北条氏綱は同合戦で足利義明を戦死させ、事実上、小弓公方家を滅亡させた。これにより古河公方家は、三〇年以上にわたっていた内乱状態を終結させた。

　その功績に報いて、晴氏は北条氏綱を関東管領《かんれい》職に任じた。同職は、鎌倉府以来、公方家の補佐役の地位にあたり、室町時代後期からは山内《やまのうち》上杉家の家督と一体化するものとなっていて、その時点でも、山内上杉憲政が管領として存在していた。そのためこれにより二人の関東管領が存在する状態になった。また同職の政治的地位は、二代政氏が当時の山内上杉家の当主顕定《あきさだ》（憲政の義祖父）に対して、足利氏御一家（足利氏の一族の家格）の筆頭（吉良家・渋川家）に準じる家格に位置付けて以来、その家格が踏襲されていた。

北条家はその時、相模・伊豆・武蔵南部を領国とし、すでに関東最大の戦国大名に成長していたものの、関東政界での家格は「国人《こくじん》」（「諸家」）相当にすぎなかったが、これにより北条家は、関東政界において、古河公方家に次ぐ政治的地位を獲得するものとなった。そしてその地位は、以後の歴代当主にも踏襲された。またそれにともなって、北条家は古河公方家の軍事的・政治的保護者の役割を担うものとなった。

以後の関東政界の政治秩序は、古河公方家と北条家の関係を中心にして推移していくものとなる。そのなかで古河公方家の「おんな家長」として存在したのが、四代晴氏後室《こうしつ》の芳《ほう》春院殿《しゅんいんでん》と、五代義氏嫡女の古河姫君になる。

芳春院殿の結婚

芳春院殿とは、北条氏綱（一四八七〜一五四一）の娘で、古河公方四代足利晴氏（一五一四〜六〇）の正妻（御台《みだい》様）となり、五代足利義氏（一五四三〜八二）の生母にあたる人物である。実名《じつみょう》などは不明で、法名を芳春院殿雲軸宗怡大禅定尼といったため、彼女については法号の芳春院殿で記していく。

生年も生母についても不明だが、氏綱娘のなかでの順番は、結婚の時期と子供の誕生年からみると、四女か五女にあたったと推測される。これまで私は、四女を芳春院殿、五女を山《やま》木《き》大方《おおかた》（今川堀越六郎妻）と推定してきた。ただし後に触れるように、芳春院殿の婚約が天文八年（一五三九）、結婚が同九年、義氏出産が同十二年であり、対して山木大方は、子供の出産が同十一年、結婚は同六年から同八年の可能性が想定されることからすると、山木大方のほうが年長で、すなわち山木大方が四女で、芳春院殿は五女とみるのが妥当かもしれない。そして生年については、義氏出産の時に二十歳くらいとみれば、およそ大永四年（一五二四）頃の可能性を想定できる。

国府台合戦の翌年の天文八年八月、芳春院殿は公方足利晴氏と婚約した。取り成したのは晴氏家老の簗田《やなだ》高助《たかすけ》で、北条氏綱は婚約成立をうけて、高助に起《き》請文《しょうもん》を出して、婚儀が成立したら高助を無沙汰にしないことを誓い、婚儀の実現を高助に一任するので、「その人体」（芳春院殿）にも自分にも疎略のないよう要請している（『簗田文書』）。氏綱は、古河公方家との関係の密接化を図り、娘を晴氏の妻として嫁がせることにしたのであった。

なおこの時の晴氏にはすでに、おそらく女房衆の妾があり、それとの間に長男藤氏（幼名幸《こう》千《ち》代《よ》王《おう》丸）・次男藤政が生まれていたとみなされる。その妾については、一部の系図史料に簗田氏の娘とあることから、簗田氏出身と考えられることもある。その場合には、世代から考えて、高助の娘に該当する可能性が想定される。しかし簗田家側にその所伝が全くみられていないこと、簗田家と藤氏の関係をみるとその可能性は低く、むしろ藤氏の動向からすると下野《しもつけ》小山家の出身の可能性も想定されることが指摘されている。事実はまだ判明していないが、簗田家出身の可能性は低いとみてよさそうである。

　婚約から翌年の同九年十一月二十八日に、晴氏との結婚のため北条家の本拠の相模国小田原城（神奈川県小田原市）を出立し、古河城に向かった。その途中で、鎌倉鶴岡八幡宮に路次の安全を祈念して参詣している。そこでは「古河様（晴氏）御縁氏綱息女」と記されている（『快元僧都記』）。おそらくその数日後に、古河城に到着し、晴氏と結婚したことであろう。またその立場は、女房衆身分の妾ではなく、妻としてであったとみなされる。先に婚儀について、「御祝言」と表現されているので、婚儀をともなうものであったと考えられるからである。

　古河公方家の「奥向き」構造については、いまだ明確にはされていない。ただ正妻の存在はみられたようである。三代高基の妻は下野宇都宮弥三郎（成綱《しげつな》）娘で、高基からは「御料人」と称され、女房衆からは「うへ（上）様」と称され、自身は「局」と称していることが確認できる（『石川文書』）。ちなみに妻とその女房衆は、高基のことを「かみ（上）様」と称しているため、区別が難しいところもある。ともかくも高基から「御料人」、女房衆から「うへ様」と称されている以上、彼女は高基の正妻であったとみてよかろう。ただ芳春院殿の場合は、その後に「御台様」と称されている。「御料人」「うへ様」との間には、違いがあるように感じられるが、その違いが何であるのかはまだ判明しない。

晴氏との別居

芳春院殿は、結婚から二年余り後の天文十二年（一五四三）三月二十六日に、五代公方となる義氏（幼名梅《うめ》千《ち》代《よ》王《おう》丸）を産んだ。芳春院殿が産んだ子供は、この義氏のみのようである。なお晴氏の子には、藤氏・藤政のほか、系図史料では家国・輝氏があったとしているが、家国は足利義明の子の可能性が高いとみなされ、輝氏については当時の史料に全くみられないので、現状ではその存在を考慮しなくてよいと思われる。そのため義氏は、さしあたり晴氏の三男とみておくことにしたい。

公方晴氏と北条家は、同十四年前半までは良好な関係を維持していた。北条家の当主はその間に、氏綱からその嫡男氏康（一五一五～七一）に代替わりしていた。その同十四年十月、晴氏は山内上杉憲政・扇谷《おうぎがやつ》上杉朝定の要請を容れて、北条方の武蔵河越《かわごえ》城（埼玉県川越市）

に対する包囲陣に参加した。これにより晴氏は、北条家に敵対姿勢を示した。しかし同十五年四月の河越合戦で、山内上杉軍ら連合軍は北条軍に敗北し、晴氏は敗走した。

以後は、氏康によって、扇谷上杉家領国の併合、山内上杉家領国への侵攻が展開される。晴氏は山内上杉家との連携を維持し、同十七年三月に、長男幸千代丸を元服《げんぷく》させ、その際に、山内上杉憲政を通じて、越後長尾晴景の取り成しをうけて、将軍足利義藤（のち義輝）から「義」字の偏諱《へんき》を得て、幸千代王丸は実名藤氏を名乗った。これは晴氏が、藤氏を嫡男に定めたことを意味する。

このように晴氏と北条家が敵対関係になったことをうけてか、芳春院殿は同十九年閏《うるう》五月に、梅千代王丸を連れて、北条領国の下総国葛西《かさい》城（東京都葛飾区）への移住を図る。移住は六月と決めて、そのためその頃に予定されていた氏康の常陸への出陣について、氏康に延期を申し入れた。氏康の常陸出陣は、常陸小田氏治と抗争していた下総結城政勝への援軍としてであった。出陣延期の理由には、古河城から葛西城への移住にあたり、政勝から氏康に人質として出された妻子が、葛西領と武蔵岩付《いわつき》領（埼玉県東部）の境目に置かれていたため、合戦になると移住の障害になる、というものであった。

このことは芳春院殿の家臣の瑞雲院周興《ずいうんいんしゅうこう》を通じて氏康に申し入れがあり、それを知った氏康の家老で結城政勝への指南を務めていた遠山綱景から、政勝に連絡があった。それをうけて政勝は、閏五月十九日付で芳春院殿に宛てて書状を出した。宛名を欠いているが、漢字仮名交じり文であることから女性宛と推測されるので、芳春院殿宛と判断される（『結城家譜草稿』）。

そこでは、芳春院殿は「御うち（内）様」と称されている。これによって芳春院殿は、晴氏の正妻の地位にあったことが確認できる。おそらくは結婚の時点から、そうであったと思われる。そして氏康出陣延期を決めたのも彼女であったことがわかる。結城政勝はその決定に関して、合戦はそれより東方で行われるから決して移住の障害にはならないことを説明するとともに、その決定は「上意」（晴氏）の意向でもあるのかを問うている。そのうえで、晴氏と芳春院殿の意向なので、出陣延期を了承する返答を行っている。

この梅千代王丸移住については、晴氏も了解していたように受けとめられるが、その後の状況をみると、そのようには考えられないように思う。後に触れるように、芳春院殿は進退に窮した、と述べているからである。この時期、芳春院殿母子の立場は深刻な危機的状況にあったことがうかがわれる。そのため芳春院殿は、実家の兄氏康を頼り、梅千代王丸を葛西城に移住させることで、その地位の確立を図ったものと思われる。さらには晴氏と氏康の関係の推移次第では、晴氏・藤氏に代えて公方家当主として擁立する考えもあったかもしれない。ここに我が子の存立を懸命に図る、芳春院殿の姿をみることができるように思う。

芳春院殿の公文書発給

芳春院殿と梅千代王丸の葛西城移住の時期については判明していない。移住が予定通りに行われたのであれば、それは天文十九年（一五五〇）六月のことになる。他の史料で葛西在城が確認できるのは、同二十年十二月のことで、その時に晴氏は「古河　上意様」と称されていて、それは梅千代王丸が葛西城に在城していることとの区別によると考えられる（『簗田文書』）。ここで氏康は、晴氏家老の簗田晴助（高助の子）と起請文を交換して、晴氏と氏康は完全な和解を成立させた。この時、氏康は、山内上杉領国への侵攻のため、武蔵江戸城（東京都千代田区）に在陣していた。この時に晴氏は梅千代王丸が在城する葛西城に赴いたことが推測され、和解はそこで行われた可能性が高い。

そしてこの葛西城在城の時期のものと推定される、芳春院殿が簗田晴助に宛てた文書がある。七月吉日付の起請文で、漢字仮名交じり文で書かれ、日付の下部に印文「日本王天下主」朱印が押捺《おうなつ》されている（『簗田文書』）。発給者は女性であり、内容から芳春院殿と判断される。内容は簗田晴助の進退を決して見放さないことなど、五ヶ条にわたって誓約している。そこでは晴氏と氏康の対戦の場合が想定されているので、それが出されたのは両者が和解する天

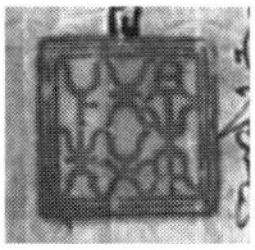

朱印の拡大

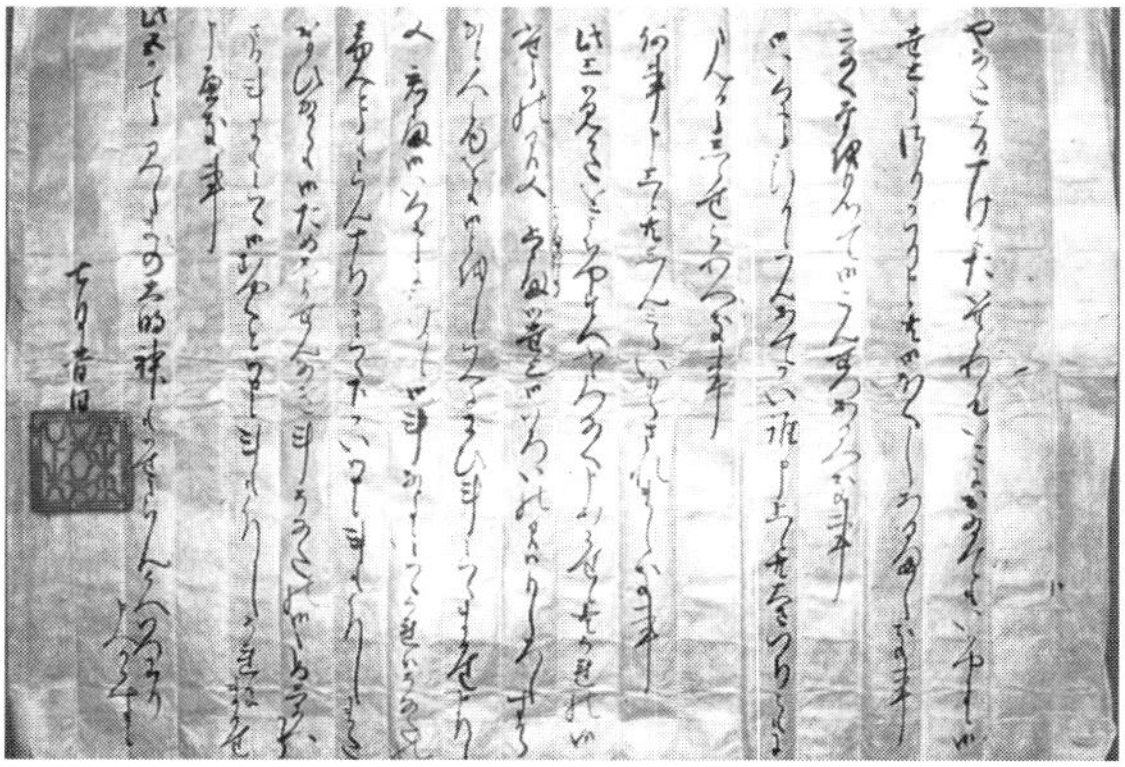

（芳春院殿カ）契状
（簗田家文書／寄託・写真提供：千葉県立関宿城博物館）

文二十年以前のこととみなされ、これまでも同年に比定されることが多い。その可能性もあるが、七月という時期からすると、葛西城に移住した直後の、天文十九年の可能性も考えられる。むしろそのほうが内容の緊迫さに合っているように思う。

ここで何よりも注目されるのは、芳春院殿が朱印を押捺していることであり、またその朱印の印文である。署名などをともなわない書状・消息として出すのでなく、わざわざ朱印を押捺しているのは、公文書として出したことを意味しよう。芳春院殿は、簗田への起請文を保証能力を備えた公文書として出す必要を認識し、そのため朱印を押捺したと考えられる。また印文のうち、「日本」が日本国を指すのか、「日《ひ》の本《もと》」として東国を指すのか判断は難しいが、意味は「日本」の王であり「天下」の主である、ということであろう。これは古河公方家の自己認識を示すものとして受け取ることができよう。その後に梅千代王丸が印文「大和」朱印を使用することと併せ考えると、「日本」は日本国の可能性が高いようにも思う。そうであれば古河公方家は、日本国将軍という自己認識を形成していたことになり、それを晴氏正妻の芳春院殿が表明しているところが興味深い。

この後の天文二十一年十二月、梅千代王丸は葛西城在城のまま、晴氏から古河公方家の家督を譲られる。葛西城移住からそれまでの間、芳春院殿と梅千代王丸は、古河公方家の別家として存在した状態にあったといえる。幼少の梅千代王丸は家政を執れないので、そこで家長として存在したのが、芳春院殿であった。したがってその時期、梅千代王丸家の家長権を行使したのは芳春院殿であり、同家の「おんな家長」とみることができる。公方家家老の簗田晴助に、朱印を押捺して公文書として起請文を出しているのは、その何よりの証しといえる。

古河公方家の「御台様」として

足利晴氏は、天文二十一年（一五五二）十二月十二日に、嫡男藤氏を廃嫡して、末男の梅千代王丸に家督を譲り、隠居し、「大上《おおうえ》様」となった。この年、北条氏康は山内上杉家を滅亡させて、関東管領として唯一の存在になっていた。どのような交渉があったのかは不明だが、北条家の血筋を引く梅千代王丸が、二人の兄を差し置いて、公方家の家督を継承した。まだ元服前にもかかわらず、家督を継承していることからみても、これは氏康の要求によるものであったとみてよい。とはいえ梅千代王丸は、まだ十歳にすぎなかった。

　翌同二十二年二月十六日に、梅千代王丸と芳春院殿は、葛西城から古河城に移ったとみなされる（『烟田文書』）。そこで芳春院殿家臣の瑞雲院周興は、芳春院殿を「御台様」と称している。以後、死去するまで「御台様」と称された。その呼称が何時からなのか、先にみえた「御うち様」と区別があるのかないのかはわからない。ともあれこの時期から、芳春院殿は明確に古河公方家の「家」妻の立場にあったことは間違いない。これをうけるようにして、梅千代王丸は三月から、幼名《ようみょう》のまま、時には「大和」朱印を使用して公文書の発給を開始している。ただし同二十二年四月十四日に「葛西」に在城していた形跡もあるので（『渋江文書』）、完全な移住はその後のことであったかもしれない。またこれによって、「大上様」晴氏と同居することになったとも思われるが、晴氏が古河城から退去して、別地に居住した可能性もあるように思う。

　そして翌年の同二十三年五月初めに、梅千代王丸と芳春院殿は、再び葛西城に移ったとみなされる（『鑁阿寺文書』）。これに晴氏も同行したのかはっきりとは確認できない。ただしその後の状況からすると、おそらく晴氏との関係が悪化するなどのことがあってのことと思われるから、同行していなかったように思う。そして実際に、同年七月二十四日、晴氏・藤氏父子は古河城に入って氏康に対して挙兵するのである。晴氏が、その直前に梅千代王丸に同行していたなら、それは葛西城から退去してのことになるが、古河で別地にあったならば、そこから古河城を奪取したことになる。状況から推測すると、後者が妥当のように思われる。

　これに対し氏康は、公方家家老の簗田晴助・野田弘朝、公方家御一家の一色直朝らを味方につけ、北条軍を進軍させて、十一月一日以前（『喜連川判鑑』は十月四日と明記する）に古河城を攻略し、晴氏・藤氏父子を屈服させた。それをうけて十一月七日、梅千代王丸は簗田晴助に、進退の保証を誓約する起請文を出した（『簗田文書』）。さらにそれにともなって出されたと考えられるのが、十一月十日付で芳春院殿が同じく簗田晴助に出した書状である。年代についてはこれまで天文二十二年説が出されているが、梅千代王丸と同一の右筆《ゆうひつ》による執筆であることから、この時に出されたと考えられるようになっている。差出には「かさい（葛西）より」とあり、葛西城で出したものになる（『簗田文書』）。

　そこでは、北条軍の河越籠城の時、葛西城移住の時、進退に窮したので、女性ではあるが、他に手段がないので自ら起請文を書いたこと、他者の起請文（「せいく」）とは同じに思わないで欲しい、と述べている。ここから芳春院殿は、これまでにも河越合戦の時、葛西城移住の時、そして今回と、三度におよんで簗田晴助に起請文を書いたことがわかる。葛西城移住の時のものは、先に取り上げたものにあたろう。この時に出した起請文は残存していないが、おそらく梅千代王丸のものと同日かつ同内容であったと推測される。そしてここで、自身がそれら起請文を書いたということが、如何に重大な決断によるものであったのか、そうまでして出したことの重大さを主張している。

　またその戦後処理の過程で、十一月二十七日、芳春院殿は兄氏康から書状を送られている（『野田文書』）。内容は、公方家家老で下総栗橋領の野田弘朝と栗橋頼光寺との相論に関して、「殿中」（政務の場）に訴訟されたにもかかわらず、いまだ裁決されていないことから、野田が氏康にそのことを嘆願してきたことをうけて、すぐの裁決を求め、野田兄弟の忠節により古河城攻略が成ったという野田の主張に同意することを示したうえで、頼光寺の主張を聞いたうえで裁決するよう、梅千代王丸への披露を要請する、というものである。年代は確定できるわけではないが、古河城攻略のことがみえているので、この年のものと考えられる。

　ここで氏康は、芳春院殿に梅千代王丸への披露を要請している体裁をとっているが、彼はまだ十二歳にすぎなかったから、当然ながら訴訟の裁決を行うことはできなかったであろう。実際に行ったのは、芳春院殿であったに違いなく、そのため氏康も芳春院殿に書状を送って、裁決を催促しているのであろう。このことから、この時期の梅千代王丸の政務は、実質的には芳春院殿によって行われていたと考えられる。梅千代王丸は、すでに天文二十二年に四通、同二十三年に六通、この後も翌弘治《こうじ》元年（一五五五）の元服前に三通の文書を発給している。表面的には梅千代王丸により政務が執られたようにみえているが、実際には芳春院殿が、その家政を代行していたと考えられる。

芳春院殿の政務の内容

弘治元年（一五五五）十一月（十二日から二十二日の間）、梅千代王丸は葛西城で元服した。儀式は北条氏康が取り仕切り、将軍足利義輝から「義」字の偏諱を得て、実名義氏を名乗った。幕府との連絡は、北条家を通じて摂関家の近衛家の取り成しをうけている。そこに山内上杉家を通じて行われていた藤氏の時までとは異なる、義氏の立場が示されている。なお同二年に入ると古河城への移住が計画されたようだが（『集古文書』）、実現したかは確認できない。古河城への移住があったとしても、その後の同三年三月には葛西城在城が確認されるので（『大中寺文書』）、その時には再び同城に戻っていたことになる。

この時期の芳春院殿の動向として注目されるのが、弘治四年（永禄元年・一五五八）二月十八日付で、古河の商人福田小次郎に、「日本王天下主」朱印を押捺した過所《かしょ》（関所通行の際の諸役免除書）を与えていることである（『福田文書』）。過所は、領国の統治者かその権限を分与された領域支配者によって出される公文書であるから、ここで芳春院殿が過所を出しているということは、芳春院殿が古河公方家領国の統治にあたっていたことを示している。ただし本文は真名文で書かれている。すでに義氏も、花押《かおう》を据えた判物《はんもつ》や「大和」朱印を使用した朱印状で、公文書を出すようになっていた。それとの棲み分けがどこにあったのかはまだ判明していないが、少なくとも芳春院殿が古河公方家の政務の一部を担っていたことがわかる。

芳春院殿による政務には、訴訟裁決や家臣への所領や屋敷の給付、外様衆への栄典付与にもみることができる。先に北条氏康は、野田弘朝と頼光寺の相論の裁決を、芳春院殿に催促していた。永禄元年五月に、氏康が芳春院殿家臣の周興に宛てた書状には、公方家家臣酒井大膳に、何らかの紛争にともなって同年春（一月から三月）に芳春院殿が「御自筆」の書状を出したことがみえている。またそこでは、氏康と簗田晴助の協議で、簗田氏一族の簗田右《う》馬助《まのすけ》を改易する処置について、芳春院殿への報告は無用と申し入れている（『喜連川文書』）。逆にここから、公方家臣の進退について、芳春院殿が関与していたことがわかる。

同年閏六月には、芳春院殿は、公方家家臣豊前《ぶぜん》氏景が差配していた仙波・小宮屋敷の普請について（場所は特定できていない、時期から関宿《せきやど》城の可能性が高い）、検分する意向を示している（『古文書纂』）。また時期は不明だが、芳春院殿は氏康に要請して、氏康から公方家家臣に上総《かずさ》で所領を給付する判物を出してもらっている（『喜連川文書』）。さらに同三年十月、氏康は芳春院殿に要請して、武蔵岩付領の太田資正《すけまさ》を義氏の相伴衆《しょうばんしゅう》に加えてもらう意向を示している（『歴代古案』）。これによって古河公方家による外様衆に対する栄典付与についても、事実上は芳春院殿が差配していたことがわかる。

　足利義氏は、永禄元年四月四日に葛西城を出発し、同月十日に、古河公方家当主としては初めて鎌倉鶴岡八幡宮に参詣した。芳春院殿も同行し、翌十一日に同社に参詣したと推定される（『後藤文書』）。この時から氏康は、義氏を下総国関宿城（千葉県野田市）に移すことを考えていて、同城を本拠としていた簗田晴助に、古河城との交換を申し入れ、その了解をうけて、それと同日の十一日に、氏康は簗田晴助に所領についての取り決めを遵守することを誓約した起請文を出している（『簗田文書』）。

　しかもその時に、義氏・芳春院殿（「御内様」）も晴助に対して、将来にわたって懇切にする旨を記した「御証文」を用意することがみえている。義氏はその後、同月十五日に、やはり古河公方家当主として初めてのことになる北条家の本拠小田原を訪問した。その滞在中の六月一日付で、義氏は晴助に、将来にわたって懇切にする意向を示した書状、晴助の所領や進退についての保証内容を列記した朱印状二通を与えている（『簗田文書』）。氏康の起請文にみえていた義氏の「御証文」とは、それらにあたろう。そうであればこの時、現存はしていないものの、芳春院殿も「御証文」を出したと考えられる。ここから、この時期の古河公方家の意志は、当主義氏による保証だけでは十分なものでなく、「家」妻の芳春院殿による保証が必要とされていたことがわかる。

芳春院殿の死去

義氏と芳春院殿はその後、四ヶ月におよんだ小田原滞在ののち、永禄元年（一五五八）八月前半に、小田原を出立して、簗田晴助から引き渡された関宿城に入り、本拠とした。以後における芳春院殿の動向として知られるのは、常陸宍戸中務大輔《なかつかさのたいふ》・同四郎に宛てた消息二通と（『宍戸文書』）、先に触れた、氏康が太田資正を義氏相伴衆に加えることを芳春院殿に要請する意向を示したことのみになる。宍戸氏宛の消息は、ともに贈答品への礼状であり、政務に関わるものではない。義氏が関宿城に入って以降は、家老・奉行による政務の体制が整備されたのかもしれない。義氏もこの時には十六歳になっていたから、ようやく独り立ちの環境が準備されたのかもしれない。

しかしその後、永禄三年九月末に、山内上杉憲政を擁するかたちで越後長尾景虎（上杉謙信）が関東に侵攻してきた。義氏は年内のうちから関宿城で籠城した。しかし家老筆頭の簗田晴助は、長尾景虎に応じたため、義氏は関宿城からの退去を余儀なくされた。翌同四年五月二十五日には江戸城に移る予定が決まっていて（『妙本寺文書』）、野田弘朝や豊前氏景を同城に派遣して移住の準備にあたらせた。

けれども義氏の出城はなかなか実行されなかった。それは芳春院殿が病体になったためと思われる。結局、芳春院殿は快復することなく、七月九日に死去した。三十八歳くらいであったと推測される。それから六日後の十五日に、義氏は江戸城に向けて関宿城を出城し、途中、北条方の国衆高城胤吉《たねよし》の本拠の下総国小金《こがね》城（千葉県松戸市）に到着している（『野田文書』）。なお芳春院殿の位牌所として、江戸領に所在する吉祥寺がある（『喜連川家文書案』）。菩提寺はのちに、古河に芳春院が建立されるが、江戸領の寺院が位牌所となっているのは、同寺で葬儀が行われたからであろう。芳春院殿の死去を知った氏康は、非常に落胆したようである。芳春院殿の存在の大きさがうかがわれる。

古河姫君の登場

次に取り上げる古河姫《こがひめ》君は、古河公方五代足利義氏の長女で、天正《てんしょう》二年（一五七四）生まれである。母は北条氏康の五女の浄光院殿《じょうこういんでん》（法名浄光院殿円桂宗明大禅定尼）である。実名などは不明で、系図史料に「氏女《うじにょ》」と記されるにすぎないため、これまで「足利氏姫」と称されることが多いが、「氏女」は単に女性を示すにすぎない。法名を徳源院殿《とくげんいんでん》慈峰晃公大禅定尼といったので、徳源院殿で記してもよいが、古河公方家の「おんな家長」として存在した時期に、他者からは「古河姫君」と称されているので、ここではその呼称を用いることにしたい。最初に彼女の略歴をたどっておくことにしよう。

　古河姫君が生まれた二年後の天正四年九月二十三日に、義氏には嫡男となる梅千代王丸が生まれた。この子が何事もなく成長すれば、古河姫君の登場はなかったことであろう。しかし梅千代王丸は、義氏が死去する以前に夭折《ようせつ》してしまった。同七年頃に、妹が生まれたが、結局、義氏の子供はこの三人だけで、男子の梅千代王丸は死去してしまったので、娘二人がいるのみとなった。同九年六月十五日には正妻（「御台様」）の浄光院殿も死去してしまった。そして義氏も、後継者がいないまま、かつ正妻もいないまま、同十年閏十二月二十一日に、四十歳で死去した。これにより古河公方家は当主不在の状態になった。当主を代行しうる「家」妻も存在しなかった。そこで事実上の家長となったのが、長女の古河姫君であった。その時はわずか九歳にすぎない。

　その後、同十八年七月、保護者であった北条家が小田原合戦の結果、滅亡した。これにともなって古河公方家も改易され、その領国は羽柴（豊臣）秀吉に収公され、古河姫君には古河近辺で所領三三二石が与えられた。それにともない古河城から出城して、古河鴻巣《こうのす》館に居住した。さらに羽柴秀吉は、鎌倉公方足利家の家系を存続させるために、小弓公方足利頼淳《よりあつ》（義明の子、一五三二〜一六〇一）に下野国喜連川《きつれがわ》領（栃木県さくら市）を与えたうえで、その嫡男国朝（一五七二〜九三）と古河姫君を結婚させて、古河・小弓両公方家を一体化させた。ただし古河姫君は喜連川には移住せず、古河鴻巣館への居住を続ける。

　文禄二年（一五九三）二月一日に、足利国朝は朝鮮出兵のための出陣途中に死去した。子供もいなかったので、その家督は頼淳次男の頼氏（一五八〇〜一六三〇）が継ぎ、あわせて古河姫君はこの頼氏と再婚した。ここでも古河姫君は古河での居住を続け、慶長四年（一六〇一）に、両者の間に嫡男義親《よしちか》が生まれている。以後は古河姫君・義親ともに古河への居住を続け、元和《げんな》五年（一六一九）には義親の嫡男尊信も同地で生まれている。そしてその翌年の同六年五月六日、古河姫君は四十七歳で、古河鴻巣館で死去した。彼女は死去するまで、古河への居住を続けたのであった。

　ちなみに義親は寛永四年（一六二七）に死去、その子尊信は古河居住を続けたが、同七年に祖父頼氏が死去したことをうけて、古河を退去して喜連川に移住することになる。それまで古河・小弓両公方家は、古河姫君の結婚によって名目的には一体化されたかたちになっていたが、古河姫君とその子・孫は古河への居住を続けたため、実質的には、依然として古河・喜連川に分離したかたちになっていた。古河姫君と頼氏の嫡孫尊信が喜連川に移住することで、両公方家はようやくに真に一体化するものとなる。

古河姫君は、九歳から十八歳まで、古河公方家の「おんな家長」として存在した。古河公方家が滅亡した後も、古河における所領支配を実質的に取り仕切っていたとみなされる。小規模な所領を支配する一個の武家領主にすぎなかったが、これも家長としての行動と評価することは可能であろう。そうであれば古河姫君は、古河公方家が滅亡した後も、三〇年におよんで家長として存在し続けたことになる。生涯のほとんどを家長として存在した、極めて珍しい事例といえる。

古河公方家「おんな家長」として

天正十年（一五八二）に足利義氏が死去した時、古河姫君はわずか九歳にすぎなかった。当然ながら政務を執ることはできなかった。そのため古河公方家は、芳春院松嶺《しょうれい》・徳蔭軒《とくいんけん》（のち永泉院）昌伊《しょうい》・一色氏久・町野義俊・小笠原氏長・高大和守《こうやまとのかみ》（のち氏師に代替わり）・簗田助実の七人の義氏近臣が、「御連判衆」「御奉行衆」と称されて、集団で政務にあたった。

古河公方家への文書はこの七名連名宛で行われ、古河公方家の意向もこの七名の連署状で示された。

天正十八年の滅亡までの間に、古河公方家の公文書としては、同十一年・同十六年に出された公帖《こうじょう》（禅宗寺院の住持職の任命書）二通がある。それまでは公方家当主の判物で出されていたものだが、この時は、義氏使用の「大和」朱印・「巳」朱印重判で出されている。それに関して連判衆は、「相公様（公方家当主のこと）は御在位されていないが、公帖を先例に則って用意した、御当家（古河公方家）を相続されたら、御直判《じきはん》（判物）を追って頂戴して送る」と述べている。朱印重判による発給は、公方家当主不在のための臨時措置であり、当主が就任したらあらためてその判物を用意することとされていた。

古河姫君は、古河公方家の政務を執ることはなかったが、狭義の家政については、家長として関わりをみせていた。古河公方家の「奥向き」は、「局方」と称されていて、その統括者が女房衆筆頭の「御局」と称された年寄（家老）であった。「御局」はまた「上臈《じょうろう》の御方」とも称されているので、明らかに女房衆筆頭にあったことがわかる（『喜連川文書』）。古河姫君の意向は「仰せ」「上意」と称されていて、それを伝達する芳春院松嶺の書状が五通みられている。いずれも下野国足利鑁阿寺《ばんなじ》（栃木県足利市）に宛てたものになるが（『鑁阿寺文書』）、これは史料残存の結果によろう。いずれにおいても、鑁阿寺から古河公方家に贈られた進物についての礼を伝えていて、「ありがとう、と仰っている」と記されている。

古河姫君への連絡は、芳春院松嶺が自ら行った場合であったのは三通で、その他の二通では、松嶺から「御局」に連絡し、「御局」から古河姫君に連絡されている。逆に古河姫君の意向の伝達は、「御局」を通して、「御局」から書状が松嶺に出されたことがわかる。古河姫君の意向がみえている内容のほとんどは、贈答儀礼に関わるものであるが、一通だけ政治向きの内容が含まれている。それは天正十三年に推定される六月十五日付で松嶺が鑁阿寺千手院に出した書状である。

前年、北条軍は足利領に侵攻し、その際に鑁阿寺は、古河公方家への「指南」（取次）を務めていた北条氏照（北条氏康の三男、氏政の弟）の家老間宮信綱（もと綱信）を通じて、軍勢の濫妨狼藉《らんぼうろうぜき》（暴力的な掠奪行為）の禁止を保証する禁制を獲得していた。禁制の獲得には多額の礼金の支払いがともなっていた。ところが禁制は発給されたものの、何らかの手違いのためか、鑁阿寺に届けられず、そのため軍勢による濫妨狼藉が行われてしまった。また通路が確保できなかったため、そのことの連絡も遅れ、ようやく八月晦日《みそか》に、間宮はそれらの経緯を鑁阿寺に連絡している。

松嶺の書状はそうした事態をうけてのもので、そこには鑁阿寺が氏照側に禁制発給のために支払っていた礼金が、氏照側から鑁阿寺に返金されたことがみえている。そのことについて松嶺は、「結局は、『上意』を取り入れたためとお考え下さい」と述べていて、北条氏照に礼金の返金を要請したのが、古河姫君であったことが記されている。すなわち、氏照が鑁阿寺の依頼をうけて禁制を発給したものの、それは届けられず機能しなかったため、古河姫君は、おそらく鑁阿寺の要請をうけてであろう、氏照に礼金の返金を要請し、氏照は「上意」を尊重して返金したのであった。

彼女はまだ十二歳にすぎなかったが、この動向は、まさしく古河公方家の家長として、軍事的・政治的保護者である北条家に対しても、その意向を申し入れ、それを取り入れさせていたことを示している。政治的・軍事的実力は喪失しつつも、依然として関東政界において政治的・身分的秩序の頂点に位置していた古河公方家の家長として、一定の政治的影響力を発揮しうる存在であったことが認識される。

古河公方家滅亡後の動向

天正十八年（一五九〇）七月に戦国大名北条家の滅亡にともなって、古河公方家も滅亡となった。古河城も、早い段階で羽柴（豊臣）秀吉の制圧下に置かれたとみられ、具体的には、秀吉直臣《じきしん》の天徳寺宝衍《ほうえん》によって占領されたとみなされる。秀吉は、小田原から陸奥《むつ》会津（福島県会津若松市）に赴く途中、七月（二十一日から二十五日の間）に古河城に一宿し、その際に「御局」が出仕し、古河姫君には堪忍分（生活費のための所領）を給与することを決定している（『喜連川文書』以下も同じ）。

　次いで八月二十二日、秀吉の京都帰路に同行して駿河国駿府にあった秀吉近臣の山中長俊は、秀吉の奉行で古河公方家への取次を担当していた増田《ました》長盛に宛てた書状で、古河公方家から御礼のため「御局」（「上臈の御方」）が秀吉のもとに出仕してきたことを伝えている。これらから、古河公方家の正式な意向は、古河姫君によって示されていることがわかる。

　同年九月九日に、古河姫君の所領高は三〇〇貫文であることが秀吉重臣の浅野長吉から連判衆に通達され、同月二十日付で、秀吉から「御局」（「こが局」）宛に、古河姫君の所領三三二石とその内容を示した知行を与える朱印状が出された。古河公方家領国は徳川家康の領国とされていて、前月に古河で検地が行われ、その知行高と内容はそれにもとづいて決定されたものであった。

　古河姫君がいつ古河城から退去したのかは判明していないが、翌同十九年三月の時点でも、まだ城内に居住していたことがうかがわれる。この時に、古河姫君は、知行拝領の御礼のため、「御局」（「上臈」）を秀吉のもとに派遣していた。これについて天徳寺宝衍は、「西殿」と称している。「御局」と同一人物とも思われるものの、その後の史料で「御西殿・御局」と並記されているので、別人の可能性が高く、ともに上臈であったと考えられる。そうであればこの時、古河姫君は二人の上臈を派遣したのであろう。

　この上臈派遣をうけて、三月九日に秀吉は、古河姫君に漢字仮名交じり文の朱印書状を出し、足利国朝との縁組みを指令し、それと同時にたとえ移住しても今回与えた知行・屋敷はそのまま与えることを保証している。古河姫君が、古河城から退去し、古河鴻巣に屋敷を構えたのは、これをうけてのことであったろう。同所は羽柴家からも「古河御所」と称された。そして下野喜連川領を与えられていた小弓公方足利頼淳の嫡男国朝と結婚することになったが、古河姫君は喜連川に移住することなく、鴻巣館に居住した。

　同年九月七日に、古河姫君は、印文「局」黒印を押捺した黒印状で、古河雀宮《すずめのみや》に社領を寄進している。署名には「つぼね」とあり、これは奉者としての記載と判断される。これが古河姫君の発給文書として、初めて確認されるものであり、所領支配にともなうものであった。古河姫君の所領は、夫方の喜連川足利家から関与されることのない、全く独自のものであった。それは秀吉から直接に与えられたものであったからであろう。

　文禄二年（一五九三）二月一日に、国朝が朝鮮出兵のための出陣途中の安芸国《あきのくに》で病死すると、その家督には弟の頼氏が立てられ、同三年正月から七月の間に元服したうえで、家督を相続した。これをうけて古河姫君は、秀吉の指令によって頼氏と結婚したとみなされる。しかし以後においても、古河姫君は鴻巣館への居住を続けた。両者の間には、慶長四年（一五九九）に嫡男義親が生まれるが、子供はそれ一人であったようである。そこには両者の微妙な夫婦関係がうかがえるように思われる。

古河姫君は、古河公方家の家長として、以後においても秀吉との間で、節季挨拶や贈答儀礼などで直接に通交している。秀吉への取次は、その奉行増田長盛と近臣の山中長俊・施薬《やく》院全宗《いんぜんそう》、それに上臈の孝蔵主《こうぞうす》が担っていた。秀吉が古河姫君に宛てた朱印書状は他に三通があり、上臈・局宛の朱印書状がそれぞれ一通ずつある。孝蔵主が御西殿・御局に宛てた進物の覚書が一通ある。その他、増田長盛が連判衆に出した書状が二通、施薬院全宗が連判衆に出した書状が一通ある。なお連判衆は、天正十八年までは従来の七名であったが、文禄元年から同四年までの間に、町野義俊からその子孫七郎に代替わりがみられている。そのうち増田長盛が五月七日付で出した書状では、古河姫君は「御前様」と称されている。これは喜連川頼氏の正妻としての認識による表現であろう。

また文禄五年（慶長元年・一五九六）七月十一日付で、徳川家康奉行衆五名から、連判衆に出された書状があり、古河姫君所領に所在する永仙院に居住の僧侶二名の出頭を要請している。何らかの相論にともなうものであろう。古河は徳川家の領国下にあったため、古河姫君の所領も、その統治下に置かれていたことがわかる。ちなみにここでの連判衆には、町野・

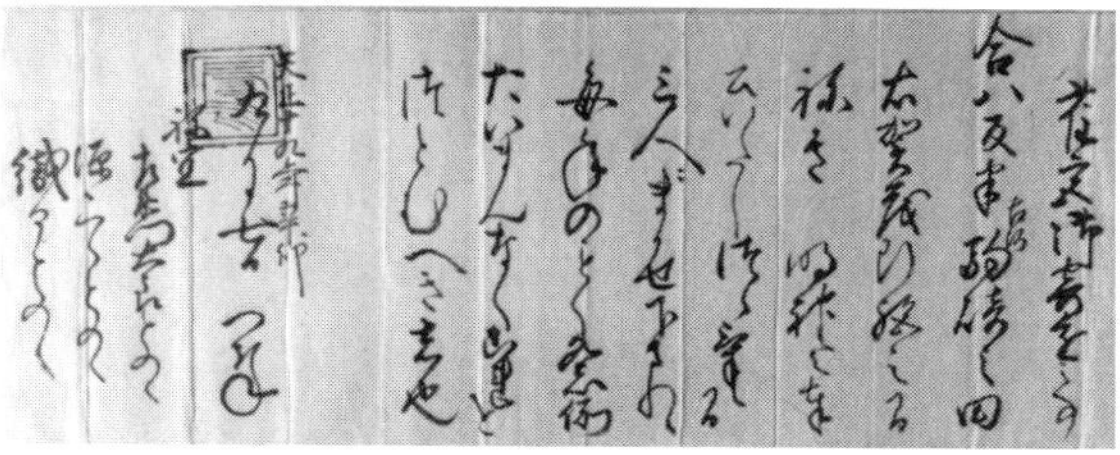

天正19年9月7日付足利氏姫黒印状
（喜連川文書／所蔵：さくら市ミュージアム―荒井寛方記念館―）

黒印の拡大

簗田がみえず、五名になっている。詳しい事情は不明だが、死去などにより減員していたのかもしれない。なおここで古河姫君は、「御料人様」と称されている。これも「御前様」と同じく、喜連川頼氏の正妻として認識されていたことによろう。「古河姫君」の名で呼ばれていたのは、確実なところでは、天正十九年六月もしくは翌文禄元年六月頃までになる。その後に足利国朝、次いで頼氏と結婚したことで、その名では呼ばれることはなくなったのかもしれない。

古河姫君の動向として、現在のところ具体的なものとして確認される最後が、慶長五年（一六〇〇）五月二日付で、所領伊《い》賀《が》袋《ぶくろ》所在の真光院に住持職を任命している黒印状である（『武州文書』）。これは日付下部に印文「墨」黒印を押捺した黒印状で、署名部分には「つぼねこれをうけたまわる」と、奉者記載があり、奉書式黒印状の形式になっている。先の黒印状では「局」黒印を使用していたので、この間に使用黒印を改印したことがわかる。それらはいずれも所領の領主としての行為にあたる。

古河姫君は、滅亡後は、小規模な武家領主にすぎなかったが、自身の力量で所領支配にあたっていたことがわかる。とはいえこれから死去するまで、まだ二十年の年月があるので、今後、その動向を示す史料が検出されていくことを期待したい。

芳春院殿と古河姫君の歴史的性格

芳春院殿は、天文十九年（一五五〇）六月に実子の梅千代王丸（義氏）とともに、夫足利晴氏と別居してから、同二十一年十二月に梅千代王丸が古河公方家の家督を継承するまで、事実上、晴氏とは別家の古河公方家一族として存在し、その「おんな家長」を務めた。そこでの行為を象徴するのが、「日本王天下主」朱印の作製と使用による公文書の発給であった。公方家当主として晴氏が存在していたにもかかわらず、実子梅千代王丸の地位確立を企図していたことがうかがわれる。

梅千代王丸の家督相続後も、晴氏との別居は続いた。梅千代王丸は公方家当主として、独自に公文書を出すようになるが、漢字仮名交じり文で出した家老への起請文は、同時に出された芳春院殿の書状の右筆と同一であった。梅千代王丸の公文書は、実際には、芳春院殿の管轄の下で出されていたことがうかがわれる。弘治元年（一五五五）十一月に義氏は元服し、一人前になるが、その後でも芳春院殿は、訴訟の裁決、家臣への所領や屋敷の給付、外様衆への栄典付与といった政務を執り行っていた。

これは当主が年少で、政務に未熟のため、「家」妻の芳春院殿がその政務を補佐していたことを示し、むしろ実際には彼女こそが主導していた。永禄元年（一五五八）には、領国の統治者が発給する過所を、芳春院殿が発給していることや、家老の進退保証について義氏と同時に証文を発給していることに、端的に示されている。義氏の公文書だけでは、家中での保証としては不十分であり、芳春院殿による保証が必要であった。

同年八月に義氏が古河公方家領国への入部を果たすと、長きにわたっていた古河公方家の政務機関の分離状態は解消され、すべてが一体化され、それにともなって義氏の政務を支える体制も整備された。これにより芳春院殿がそれまでのように政務を主導することはなくなっていった。芳春院殿は、古河公方家が分離した時期に、嫡男義氏の政務開始までの当主不在時に「おんな家長」として存在し、その後は「家」妻としてその政務を補佐し続け、しかも古河公方家の政務機構が一本化され、政務の補佐体制が整備されるまでは、実質的に主導した、と評価できよう。

古河姫君は、天正十年（一五八二）に父義氏が後継者がいないまま死去したため、同十八年の滅亡まで、当主不在のため、政務は連判衆によって代行されたが、狭義の家政においては、古河姫君が古河公方家の事実上の家長として、「上意」を示した。そこでは、政治的・軍事的保護者である北条家に対しても、申し入れを行い、その意向を取り入れさせるほどの、政治的影響力を示していた。こうした立場を、政務を執らない限定的なものであったとはいえ、「おんな家長」と位置付けられるであろう。

古河公方家の滅亡後は、羽柴（豊臣）秀吉から直接に所領を与えられ、小規模ながらも秀吉直臣として一個の武家領主として存在した。そこでは明確に「おんな家長」として存在したといってよい。その後、秀吉の指令により、足利国朝、次いで同頼氏と結婚するものの、終生別居を通し、独自に所領支配を取り仕切って、家長として存在し続けている。

芳春院殿と古河姫君は、古河公方家における「おんな家長」として存在したが、その時期は極めて限られ、またその在り方も政務全般におよぶようなものではなく、極めて限定された側面でみられたといえる。しかしそうではあっても、彼女たちが家政を主導したり、家を代表したのは、それに代わる存在がなく、彼女たちが最も適任に位置していたからとみなされる。

第四章　関東の「おんな家長」

関東国衆家の「おんな家長」たち

戦国時代の関東では、戦国大名家に「おんな家長」の存在はみられていないが、国衆《くにしゅう》家では何人か「おんな家長」の存在を確認できる。

なかでも特筆されるのが、小山《おやま》秀綱《ひでつな》後室《こうしつ》である。小山家は下野国《しもつけのくに》小山領（栃木県小山市）の国衆で、彼女は、夫秀綱の死後から、当主秀広が政治活動を開始するまでの間、天正《てんしょう》十一年（一五八三）から同十七年まで、七通の黒印状を残している。この時期に、小山家当主による文書発給はみられていないので、彼女が小山家の「おんな家長」として存在していたとみることができる。発給文書七通という数量も、第一章の洞松院《とうしょういん》の発給文書数に並ぶものになっている。

その他に「おんな家長」とみることができるものに、駿河葛山《かずらやま》領（静岡県裾野市周辺）の葛山氏広後室、遠江《とおとうみ》今川氏嫡流家の堀越六郎の後室・山木大方《やまきのおおかた》、上野《こうずけ》新田《にった》領（群馬県太田市周辺）の由良成繁後室・妙印尼《みょういんに》があげられる。

このうち領国支配のための発給文書を残しているのは、葛山氏広後室だけである。夫氏広の死後から、養嗣子氏元による政務が開始するまでの間、公文書を発給し「おんな家長」として政務を取り仕切ったとみなされる。山木大方は、婚家の今川堀越家が没落した後、実家の北条家から庇護をうけ、所領を与えられて、夫の死後に、自身で所領支配を行っているもので、正確には国衆家としてではなく、一個の武家領主としてのものになる。妙印尼は、嫡男の当主国繁が領国不在時に軍事・外交活動を主導し、天正十八年の小田原合戦にともなう滅亡時に、当主不在のなか羽柴（豊臣）方と外交交渉し、戦後は堪忍分として常陸国牛久領（茨城県牛久市）五千石を与えられ、秀吉直臣《じきしん》となった。その所領はすぐに当主国繁に譲られるが、その間は妙印尼が家長の立場にあった。

いずれの場合も、「おんな家長」として存在したのは、夫の死後のことで、かつ当主が年少もしくは不在によって、当主による政務が行えない場合のことであった。以下では、それぞれの活動の概要をみていくことにしたい。

小山秀綱後室登場の経緯

小山秀綱後室の出自については、いまだ判明していない。夫の秀綱は、小山領の国衆・小山高朝（一五〇八～七五）の嫡男である。生年については確定されていないが、天正十年（一五八二）死去と推定され、享年五十九と所伝されているので、大永四年（一五二四）と推定される。弟に下総《しもうさ》結城家を継承した晴朝（天文三年〈一五三四〉生まれ）、父高朝の隠居領の下野榎本領（栃木県大平町）を継承した高綱（弘治三年〈一五五七〉か永禄二年〈一五五九〉生まれ）が確認されている。実名《じつみょう》を氏朝・氏秀・秀綱、次いで法名を良舜・孝山・孝哲・孝山と、頻繁に改称している。永禄三年までに、高朝の隠居にともない家督を継承したと推定される。

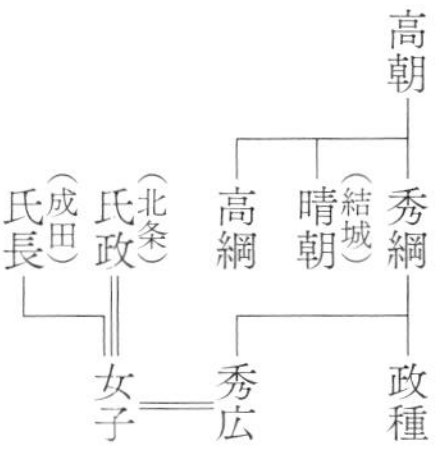

小山氏関係系図

秀綱とその後室の間には、長男政種と次男秀広（初名政種）がいたと考えられる。政種は、天正八年（一五八〇）死去と推定され、享年十四と所伝されているので、永禄十年生まれと推定される。秀広は慶長七年（一六〇二）から同九年の死去と推定され、享年三十五と所伝されているので、永禄十一年から元亀《げんき》元年（一五七〇）の生まれと推定される。ただし前者では政種と一年しか違わないので、永禄十二年か元亀元年の可能性が高いであろう。これらにもとづけば、秀綱後室は、永禄八年頃には秀綱と結婚していたと推測される。長男政種を産んだのを二十歳くらいとみると、その生年は天文《てんぶん》十七年くらいのことと推測される。その出自の解明は今後に残された重要な課題であろう。

小山秀綱は、家督継承後は、相模北条家と越後上杉謙信との間で、従属と離叛を繰り返しながら、国衆としての存続を図っていた。しかし天正三年十二月に、北条家に本拠の小山祇《ぎ》園《おん》城を攻略され、小山領を経略されたことにより、国衆としては没落した。その後は常陸古《ふる》内《うち》（茨城県城里町もしくは筑西市）に隠遁《いんとん》し、常陸佐竹家か下総結城家の庇護をうけていたが、同六年以降は、北条家に従属したとみなされる。この時の秀綱の在所は不明だが、佐竹方の下野国宇都宮領（栃木県宇都宮市周辺）や結城領（茨城県結城市周辺）を攻撃しているので、それらの境界地域に在所していた可能性がある。

同十年五月に、「天下人」織田信長の家老で、「東国御後見」として関東の大名・国衆の統制を担った滝川一益《かずます》の裁量により、秀綱は小山祇園城を返還され、小山領に復帰した。この時、秀綱が従属していた北条家も、織田家に従属する関係にあった。かつて秀綱は織田信長と直接に通交する関係を持っていたため、その経緯が踏まえられて、かつての本拠への復帰が取り計られたのであった。ただし本拠に復帰したとはいえ、小山領全域が返還されたのではなかったと思われる。

ところが同年六月二日の京都本能寺の変をうけて、北条家は織田家からの独立を図る。その手始めとして、滝川によって割譲を余儀なくされた小山領の奪回を図ったとみられ、それまで小山領統治を担っていた御一家衆・北条氏照の軍勢が小山領攻略のため進軍した。秀綱は北条氏照から祇園城退去などを要請されたであろうが、それを拒否したと思われる。そのため北条軍の攻撃をうけ、同月十一日に秀綱は戦死もしくは自害に追い込まれ、祇園城は攻略された。これにより北条家は、小山領と祇園城の奪回を果たし、再び北条氏照が小山領統治を管轄した。

しかし小山家は、これで滅亡したのではなく、北条家に従属する国衆として存続が認められた。秀綱の死去により、家督は次男秀広が継承したとみなされるが、この時、わずかに十三歳か十四歳にすぎず、おそらく元服《げんぷく》前であったろう。そのため国衆家としての政務を、秀綱後室が担うことになったと思われる。

小山秀綱後室の政務の内容

小山秀綱後室による政務の内容については、彼女が発給した七通の黒印状から知ることができる。いずれも小山領内に出された、同領の統治に関わるものとなっている。その一覧を掲げよう。

①天正11・9・26付　鮒田出雲守宛（『栃木県庁採集文書』）

②天正13・1・10付　菅谷大和守宛（『菅谷文書』）

③天正13・11・17付　柴之御百姓宛（『晃程文書』）
④天正16・10・22付　渡辺内膳亮宛（『晃程文書』）
⑤天正17・2・4付　舟田外記宛（『栃木県庁採集文書』）
⑥天正17・10・10付　安久津与十郎宛（『阿久津文書』）
⑦年未詳・3・13付（赤塚郷）宛（『針谷文書』）

これら七通には、年紀の上部に印文「善」黒印が押捺《おうなつ》されていて、黒印状の形式で出されている。署名などは一切みられていないので、ただちには発給者は明らかにならない。かつては秀綱はまだ生存していたと考えられていたため、これらは秀綱の黒印状とみなされていた。しかし秀綱がすでに死去していたとすると、話は変わってくる。使用されている文字をみていくと、①②⑤は真名文であるが、③④⑥⑦の四通は漢字仮名交じり文になっている。そのためこれらは女性の発給と理解するのが適切であり、そのためこれら七通の発給者は、秀綱後室と考えるのが最も適切になる。

さらにこの時期、当主秀広による文書発給はみられていない。そのためこれら七通が、この時期の小山家として出された公文書であったと認識される。したがって秀綱後室によるそれらの文書発給は、当主が年少のなか、当主を代行して出したものと理解することができ、

黒印の拡大

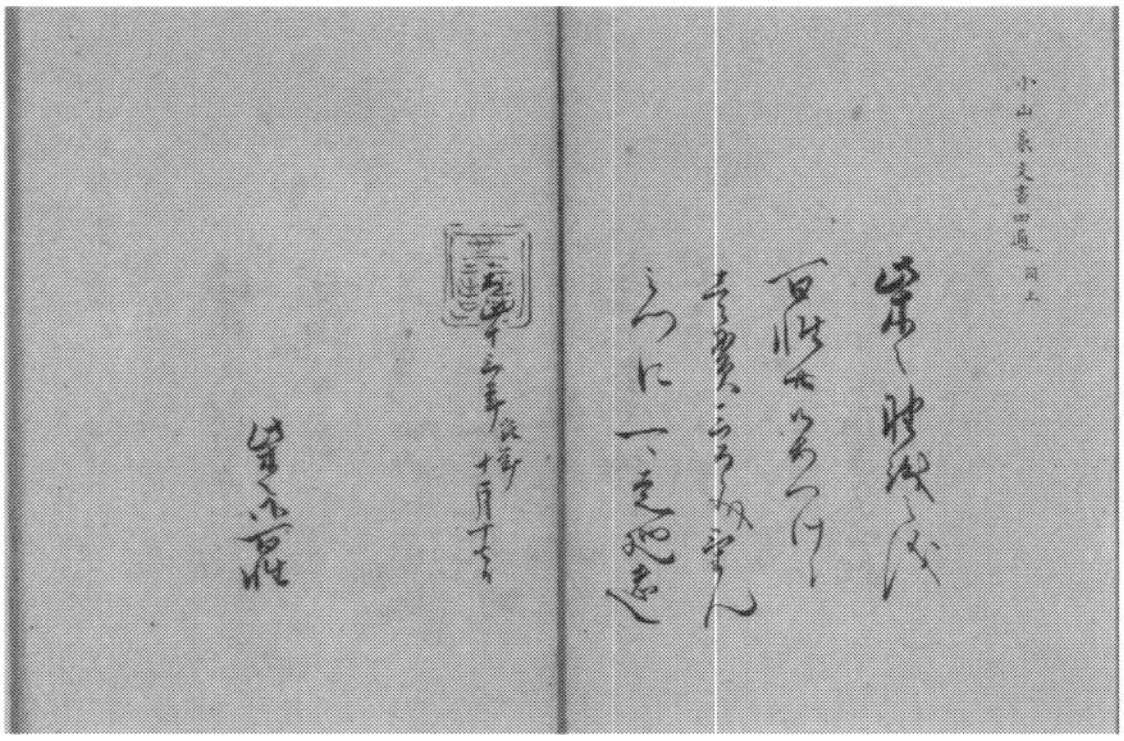

小山秀綱後室黒印状写（晃程文書）
（天正13年11月17日付柴之御百姓宛／所蔵：内閣文庫）

まさに「おんな家長」として出したものになる。ここに「おんな家長」として小山秀綱後室の存在を発見できる。彼女が天文十七年（一五四八）頃の生まれであったとすれば、それは三十六歳から四十二歳のことになる。

①は、小山家の在村家臣の舟田氏に、出雲守《いずものかみ》の受領《ずりょう》名（朝廷の地方官職に因む通称）を与えた、受領状である。②も、同じく在村家臣の菅谷氏に大和守の受領名を与えた受領状である。③は、小山領柴郷（栃木県下野市）に賦課《ふか》される野銭《のせん》（草原用益の利用料）年貢一貫三〇〇文の納入を猶予し、預けるというかたちで貸し付けたものである。④は、柴郷の土豪（有力百姓、地侍）の渡辺内膳亮《ないぜんのすけ》に、柴郷に賦課される野銭年貢一貫五〇〇文の納入を命じたものである。⑤は、在村家臣の舟田氏に外《げ》記《き》の官途《かんと》名を与えた官途状である。⑥は、在村家

臣の安久津与十郎に、兄将監《しょうげん》に領有を保証していた田畠・屋敷について、相続にともないその領有を保証し、足軽奉公（在村家臣としての軍事奉公）を命じるものである。⑦は、小山領赤塚郷（栃木県野木町）に、百姓屋敷の竹木の伐採の禁止を保証する制札《せいさつ》である。

これらのうち、①②⑤の官途状・受領状は、家臣に対する身分編成を示すものになる。⑥は在村家臣の相続を保証し、軍事奉公を命じているように、家臣団編成に関わるものになる。③④⑦は、領内の村落に対する統治に関わるもので、③④は野銭年貢の徴収についてのもの、⑦は村落の権益を保障するものになる。これらの内容は、まさに当主としての領国統治そのものに他ならない。これまでみてきた洞松院や寿桂尼《じゅけいに》といった「おんな家長」の事例では、家臣への所領の付与による家臣団編成や通称の授与による身分編成については、みることができていなかった。しかしこの小山秀綱後室の場合には、明確にその行為を認識することができる。それはまさに男性家長と全く同等の、家長そのものとしての政務内容とみることができる。

秀綱後室の動向が確認できるのは、最後の黒印状が出されたことまでになる。それが出された時、当主政種（秀広）は二十歳か二十一歳に成長していた。すでに元服し、歴代の仮名《けみょう》小四郎を称し、実名は北条氏政から「政」字の偏諱《へんき》を与えられて、兄と同じ政種を名乗り、さらに武蔵国衆の成田氏長の娘を北条氏政の養女としたうえで妻に迎えていたと推定される。

しかしその年のうちに、小山家は何らかの事情により、小山領から没落し、佐竹家を頼って常陸に在所したらしい。

なお小山家についてはその後、翌年の小田原合戦による北条家の滅亡後、当主政種は再起を図ってのことか、実名を秀広に改名し、小山領の旧臣への文書発給を開始している。そして岳父の成田氏長とともに、羽柴家家臣の蒲生氏郷《がもううじさと》の家臣に取り立てられて、陸奥《むつ》会津に赴くものとなっている。

葛山氏広後室

葛山氏広後室の出自については、いまだ判明していない。夫の葛山氏広は、駿河国葛山領の国衆で、戦国大名駿河今川家に従属する関係にあったが、戦国大名小田原北条家の初代伊勢宗瑞《そうずい》の三男で、葛山家に養子に入った存在であった。そのため、駿河今川家においては、単なる国衆ではなく、その一族にあたる「御一家衆」の地位にあった。氏広の母は、宗瑞の別妻《べっさい》となる葛山家の娘（葛山備中守《びっちゅうのかみ》の娘とする所伝がある）と推測され、氏広は母方の実家を継承したものと考えられる。生年は不明だが、宗瑞と葛山家娘の結婚が、明応二年（一四九三）頃のこととみると、同四年頃の生まれと推測される。

氏広が葛山家を継承した時期は判明していないが、永正十年（一五一八）には葛山家当主として存在し、今川家御一家衆として、今川家本拠の駿府に居住したことが確認される。仮名は八郎を称し、後に官途名中務 少輔《なかつかさのしょう》を称した。継承の経緯も不明だが、母の兄弟に後継者がなく、そのため葛山家の外孫にあたる氏広が養子に入った、という可能性が高いと思われる。その場合、母の兄弟の娘を妻にし、婿養子として家督を継承した、というのが、最も順当なかたちと考えられる。確かなことは判明していないが、もしそうであったとすれば、氏広後室は葛山家嫡流の娘であったかもしれない。

氏広は、天文六年（一五三七）に開始された「河東一乱《かとういちらん》」においては実家の兄で北条家二代当主の北条氏綱に味方した。この戦乱は、実兄の北条氏綱と、それまで従属していた駿河今川義元による、駿河河東（旧駿河国の富士川以東の地域）地域をめぐる抗争である。この戦乱で、北条家は河東地域の占領を果たすが、氏広の味方がその前提になっている。氏広は天文七年九月十九日に、北条家領国の鎌倉鶴岡《つるがおか》八幡宮に、祈願のため大般若経《だいはんにゃきょう》転読による祈祷をしてもらっているが、これは氏広が重態にあり、その快復を祈願したものと推測される。これが氏広の活動を示す最後であり、翌年四月までの間に死去した。四十四歳くらいのことと推測される。

氏広には実子がいなかったらしく、そのため葛山家一族の氏元を養嗣子に迎えていて、家

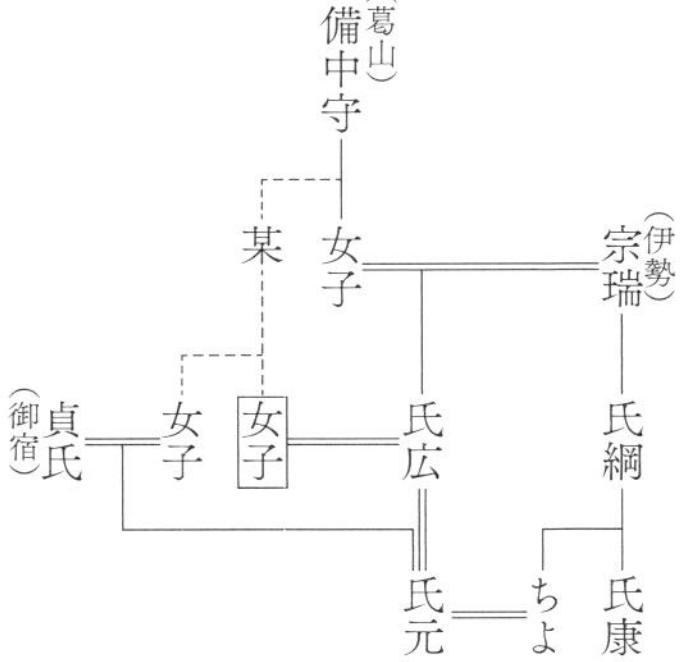

葛山氏広関係系図

督はその氏元に継承された。氏元は、永正十七年生まれで、十六歳の時の天文四年には、氏広の養嗣子に迎えられていて、仮名八郎を襲名していたことが確認される。そのことから、氏元が氏広の養嗣子に迎えられたのは、元服以前からのことであったことがわかる。氏元は、葛山家庶流の御宿《みしゅく》氏の出身で、葛山播磨守《はりまのかみ》貞氏の子と伝えられている。貞氏は、氏広の「弟」と伝えられており、そのため氏広と同じく葛山家の養子になっていたと考えられている。ただし貞氏自身が葛山家の養子になっていたと考える必要はなく、むしろ氏広後室の妹の婿で、氏広とは義兄弟にあたっていたとみるほうが妥当のように思われる。氏広夫妻にとって、氏元は血縁の甥《おい》にあたっていたため、養嗣子に迎えたのではないか、と推測しておきたい。

氏広が死去した際、氏元は十九歳になっていた。氏広死去により、氏元が家督を継承したとみなされるが、氏元が当主としての活動を示すのは、それから四年後の天文十一年、二十三歳になってからになる。氏元はその年に、北条家の本拠小田原に滞在したことが知られる。

これはおそらく、北条氏綱の六女「ちよ」との結婚にともなうものと考えられる。「ちよ」は大永六年（一五二六）生まれで、この時は十七歳になる。おそらく婚約は父氏綱の時に成立していたのであろう。しかし結婚にいたる前に、氏綱は天文十年に死去し、家督は嫡男氏康に継承された。そのため兄氏康の計らいで結婚が実現されたと推測される。このことから、氏元が葛山家当主としての活動を開始したのは、この結婚が契機になっていたとみなされる。北条家の娘との結婚により、氏元の葛山家当主の地位が確立したといえるであろう。

そしてその間の、氏広の死去から、この氏元の結婚までにおいて、葛山家の家長権を行使した存在が、氏広後室であった。この間において、葛山家の公文書としてみえているのが、天文八年四月十二日付で、某与七に宛てた朱印状（『山田文書』）である。葛山領内の堀内山など五ヶ所の山において、「竜光院殿《りゅうこういんでん》」（氏広）の印判状で保証された内容の通りに、材木として伐採してよい木の種類を規定し、その伐採の権益を、あらためて保証している。

この朱印状は、漢字仮名交じり文で記されているから女性の発給と推定され、文中に「竜光院殿」（氏広）の印判状の内容を踏襲する文言がみえているから、その後継者によるもので、代替わり安堵として出されたことがわかる。発給者を示す署名などはみられていないが、これらのことからこの朱印状は、氏広後室の発給と推定される。そしてこれによりこの時期、氏広後室が、まだ政務を開始していない氏元に代わって、「おんな家長」として葛山家の政

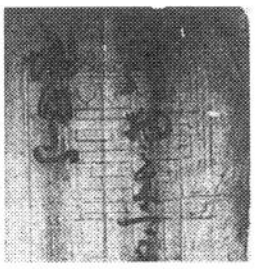

朱印の拡大

葛山氏広後室朱印状
（山田文書／画像提供：裾野市／「裾野市史 第２巻」より転載）

務を取り仕切っていたことがわかる。

ちなみに使用朱印の印文は不明であるが、特徴的なのは、上部に動物図案が配されていることである。残念ながら印影が薄く、何の動物なのかは認識できない。この形式は、北条家当主が使用した印文「禄寿応穏《ろくじゅおうおん》」朱印（いわゆる虎朱印）が上部にトラの図案を配置しているのに倣ったものになる。北条家関係者の使用朱印には、そのように上部に動物図案を配したものが多くみられていて、この氏広後室の使用朱印もその一つになる。またこの朱印状の文言から、前代の氏広も印判状（おそらく朱印状）を出していたことが知られるが、現在のところその実例は確認されていない。

氏広死去後、氏広後室はただちに当主氏元に政務を開始させるのではなく、しばらく自らが政務を取り仕切った。氏元はすでに十九歳になっていたから、政務を委ねてもよいように思われる。しかし氏広後室は、そうではなく、氏元の結婚まで、自らが政務にあたったのであった。その理由は判明しないが、氏広後室が、葛山家の出身、すなわち家付き娘であったとすれば、納得がいくことになる。葛山家の家政は、本源的には彼女に根ざしていたと考えられるからである。そして氏元の結婚にともなって、政務代行から引退したのは、氏元妻の「ちよ」が、葛山家が従属する北条家の出身であったため、葛山家の家政に対しては、妻の実家の北条家からの補佐がみられるようになったからではないか、と考えられる。

氏広後室のその後の動向は不明である。そもそも彼女の存在とその動向自体、わずか一通の先の朱印状によって認識されるにすぎないのであった。しかしその一通の朱印状の存在によって、夫氏広の死後から、次代氏元による政務開始までの間、葛山家にも「おんな家長」が存在したことが確認できたのであった。

山木大方（堀越六郎後室）の登場

山木大方は、北条氏綱の娘である。第三章での検討をもとにすれば、氏綱の四女の可能性が高い。遠江今川氏の嫡流で、遠江国見付《みつけ》（静岡県磐田市）を本拠にした今川堀越氏延の嫡男と推定される堀越六郎の妻である。山木大方という呼称は、婚家の今川堀越家が滅亡したのち、夫ともども実家の北条家の庇護をうけ、伊豆国山木郷（同伊豆の国市）に居住したことに因《ちな》んでいる。また実名を「崎姫」と伝えられる。ただしこれは姉の吉良頼康妻と混同されたなかでのものになる。どちらの名なのか明確ではないが、山木大方の事蹟に関わって記されていることからすると、どちらかといえば山木大方の可能性が高いと思われる。

生年は不明だが、第一子を二十歳で産んだと仮定すると、大永三年（一五二三）生まれの可能性が想定される。天文六年（一五三七）から同八年の間に、今川堀越六郎と結婚し、相模国小田原から遠江国見付に赴いたと推定される。十五歳から十七歳くらいのことになろう。夫六郎との間には、同十一年に嫡男氏朝が、同十五年に娘の香沼姫《かぬまひめ》が生まれている。

今川堀越家は、南北朝時代に駿河今川氏には別家《べっけ》として存在した遠江今川氏の嫡流家にあたる。戦国時代に入る直前の時期に、室町幕府から所領を没収されて没落状態にあったが、氏延の父貞基の時に、駿河今川義忠、次いで氏親《うじちか》の支援を得て所領回復を果たしたとみなされる。氏延の「氏」字は今川氏親からの偏諱と推定され、今川堀越家は、駿河今川家に従属する国衆として存在したと考えられる。夫六郎は、その仮名は今川堀越家の歴代のものであることから、その氏延の嫡男と推定される。生年は不明だが、又従兄弟《またいとこ》であるとともに、叔母の子で従兄弟にもあたる瀬名貞綱（貞基の嫡孫、母は氏延の姉妹）が、永正十七年（一五二〇）

生まれなので、その前後の生まれと推測される。

天文六年から、北条氏綱と今川義元は「河東一乱」を展開した。今川堀越氏延は今川家から離叛して北条家に味方した。その義兄弟にあたる瀬名氏貞（貞基の子、貞綱の父）は、当時、今川家の御一家衆として駿府に居住していたが、本家の氏延に同調し、駿府から退去して遠江国に所在した所領に移った。北条家はそれらへの軍事支援を展開し、同年から同八年にかけて海路から軍勢を遠江に派遣している。

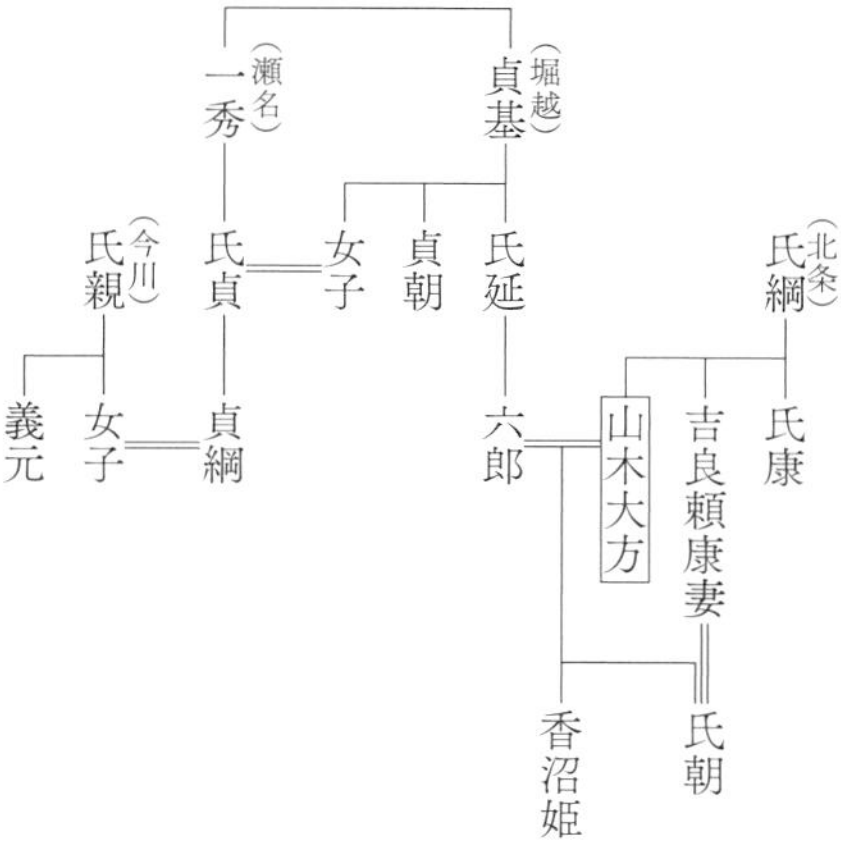

山木大方関係系図

山木大方が、今川堀越六郎と結婚したのは、その時のことと推測される。その結婚は、同家が駿河今川家に対抗しうる遠江今川家の嫡流家であること、遠江における北条方の有力者であったことから、政治関係を密接化させるためであったろう。

しかし天文八年から今川義元により、遠江の反抗勢力への鎮圧がすすめられ、同九年八月には瀬名貞綱（父氏貞はすでに死去）は義元に帰参し、駿府に帰還することになった。同十年五月には、今川堀越家の本拠の見付も義元に制圧されたことが確認されるので、この時に今川堀越家は、義元に屈服したとみなされる。ただし当時の当主を明確に示す史料はない。それから三年後の同十三年十一月に、「遠州今川殿」がみえていて（『私日記』）、その時まで同家が存続していたことがわかるが、当主が誰であるかは判明しない。

しかしこれが今川堀越家に関する最後の史料になっているので、それからしばらくのうちに、同家は滅亡したと推定される。このことに関わると推測されるのは、氏延の弟貞朝（新六郎）の死去についてで、「造意にて生害《しょうがい》」（『土佐国蠹簡集残編』）と記されていることである。これは義元に叛意を示したため、自害させられたことを意味しているとみなされる。しかもこの注記は、氏延でなく、弟貞朝に記されている。これらのことからすると、氏延はそれまでの間に死去し、代わって弟貞朝が家督を継いでいたが、それも天文十三年十一月以降に義元に再び叛乱の動きをみせたため、義元によって自害させられ、今川堀越家は滅亡した、という経緯が推測できるかもしれない。

それはともかくとして、氏延の嫡男六郎は、今川堀越家が今川義元に屈服したとみなされる天文十年には二十歳少しであり、同十三年以降に今川堀越家が滅亡した時でも、まだ二十歳台前半にすぎなかったと推測される。父氏延の死去にともなってか、あるいは今川堀越家の滅亡にともなってか、六郎・山木大方夫妻は、山木大方の実家の北条家を頼り、伊豆に移住したとみなされる。その時期によって、嫡男氏朝の誕生が、遠江でのことであったのか、伊豆でのことであったのか異なることになるが、現状ではいずれであったのか判断できない。

　六郎・山木大方夫妻は、伊豆においては、山木郷のほか、三島郷加古村・同岩崎村（静岡県三島市）・滝山村（同伊豆の国市）・田代郷（同伊豆市）・河津郷小那部村（同河津町）などを所領として与えられ、そのうちの山木郷を本拠にした。この時点で今川堀越家は、北条家の庇護をうける、一族扱いの、一個の武家領主の立場になった。さらに弘治《こうじ》三年（一五五七）九月までに、夫の堀越六郎は死去した。嫡男氏朝は十六歳になっていたから、すでに元服していた可能性が高い。しかし所領支配は氏朝には継承されず、六郎後室として、「山木御大方」と称された彼女が担った。

山木大方の印判状

　夫六郎の死後直後の弘治三年（一五五七）九月三日付で、山木大方は伊豆修禅寺（同伊豆市）の住持明山に、夫六郎の菩提寺として修禅寺に正覚院を建立し、所領加古・岩崎両村を寄進する旨の朱印状を出している（『修禅寺文書』）。本文は漢字仮名交じり文で、署名は「山き」と記し、印文「軍勝」朱印を押捺している。この「軍勝」朱印は、上部にイノシシの図案を配置しており、山木大方が所領支配のために使用するようになったものと考えられる。山木大方は、この文書を初見に、所領支配のために出したものとして、全部で四通の発給文書を残している。いずれも印判状で、そのうちの三通で「軍勝」朱印が使用されている。残る最後の一通だけ、それとは別の印文未詳黒印が使用されている。

　これらの発給文書は、山木大方が夫六郎から継承した堀越家の所領支配のために出したものになる。すでに一個の武家領主にすぎなくなっていたとはいえ、山木大方は「おんな家長」としてその所領支配を担ったのである。ちなみに嫡男氏朝は、十九歳になった永禄三年（一五六〇）に、山木大方には姉婿にあたる武蔵国世田谷領（東京都世田谷区）の吉良頼康の養嗣子に迎えられて、同家を継承する。そのため堀越家は再興されることはなく、山木大方によってその死去まで、それらの所領支配が行われた。

　二通目は、午年（永禄元年か元亀元年〈一五七〇〉）三月二十一日付で、北条家家老の笠原家か清水家の家臣とみられる水口某に宛てて、所領滝山村に、北条家の伊豆支配のための拠点である韮山《にらやま》城（静岡県伊豆の国市）についての城郭普請役が賦課されたことに関して、人足役を負担できないことを申し入れたものになる（『水口文書』）。またここでは署名は「小田原大窪より」と記されていて、山木大方はこの時、小田原城下の大窪に居住していたことがわかる。同所に屋敷を与えられていたのであろう。ただしそこに意味を見いだすなら、元亀元年は伊豆には戦乱がおよんでいたため、それを避けて大窪に居住していたと考えることもできる。その場合には、同文書の年代は同年の可能性が高い。

三通目は、寅年（永禄九年か天正七年〈一五七九〉）四月三日付で、伊豆西浦（同沼津市）に居住する在村家臣に宛てて、伊豆国奥郡・中郡から兵糧米を西浦に廻送するにともない、家臣の高橋・大浦に、西浦での在村家臣の若者で津端に在所するものを出頭させ、おそらく兵糧米の荷揚げの業務にあたることを命じたものである（『室伏文書』）。日付の下部には、大浦が奉者として記載されており、奉書式朱印状の形式がとられている。兵糧米の廻送は戦争にともなう可能性が高く、天正七年はその準備がすすめられていることからすると、同文書の年代は同年の可能性が高いかもしれない。

最後の四通目は、酉年（天正十三年か）

朱印の拡大

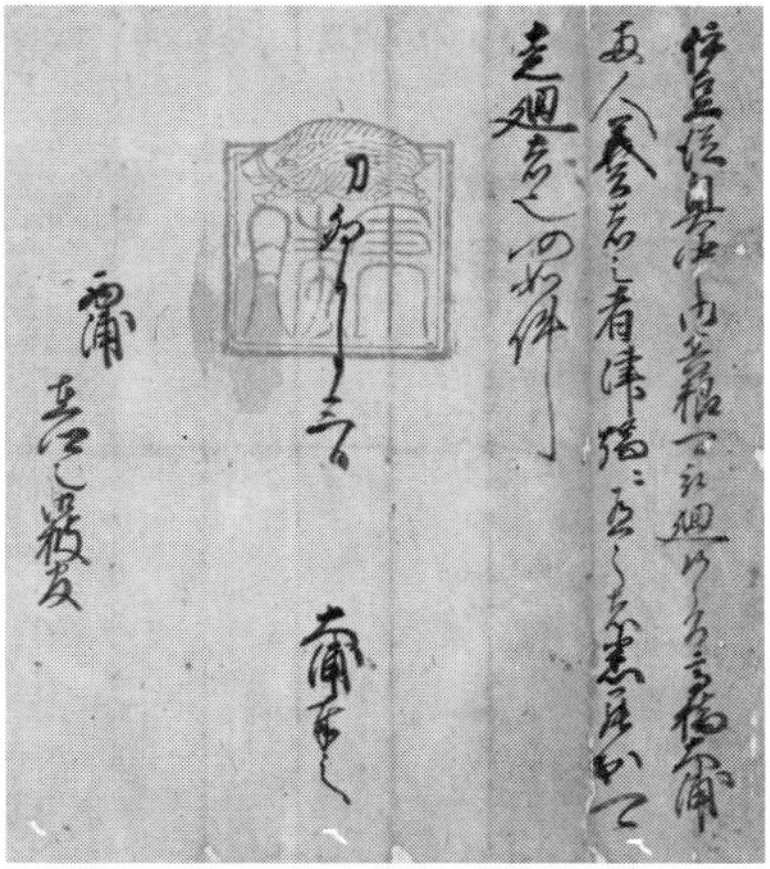

山木大方印判状（寅年卯月３日付／重寺室伏文書／所蔵：沼津市歴史民俗資料館）

八月二十一日付で、韮山香山寺《こうせんじ》に宛てて、寺領として一町五段の地を寄進したものである（『相州文書』）。先に触れたように、本文書では印文未詳黒印が使用されている。署名部分には「山木御大はう（方）」と記していて、山木郷を本拠とし続けていたことがわかる。また本文書は、「かぬま（香沼）殿」に執筆してもらったことを記している。娘の香沼姫は、この時、四十歳になる。以前に結婚したことがあったのかは不明だが、この時は母のもとにあり、それを補佐していたことがわかる。

そしてこれが山木大方の動向としては最後であり、翌同十四年八月二十四日に死去した。六十四歳くらいであったと推測される。菩提寺は小田原城下の谷津《やつ》に高源院が建立され、法名を高源院殿長流泉香大姉とおくられた。おそらく谷津も、山木大方の所領であったとみなされる。なお娘の香沼姫は、その後も谷津に居住を続けたという。

山木大方は、遠江今川堀越家の後室ではあったが、実際には北条家から所領を与えられた一個の武家領主にすぎないものになっていた。しかし当主が不在のため、その所領支配を自身の印判状によって行っていた。家臣にも清水惣兵衛《そうひょうえ》・高橋・大浦、西浦の在村家臣などが存在していたことが確認でき、一個の家政機関を構成していた。その「おんな家長」として、家政を取り仕切っていたのであった。

妙印尼（由良成繁後室）

妙印尼は、上野国館林領（群馬県館林市）の国衆・赤井重秀の娘で、上野国新田領・桐生領（群馬県桐生市）の国衆・由良（もと横瀬）成繁の妻である。妙印尼の呼称は、法名得月院殿月海妙院大姉によるものになるが、当時にそのような呼称はなく、江戸時代においてもみられていないから、それはかなり後世に生じた通称とみなされる。とはいえ法名にもとづいた呼称であることから、ここでもその名を用いることにする。また実名を「輝子」としたり、没年齢を八十一歳として永正十一年（一五一四）生まれとする俗説があるが、その根拠は明確ではなく、俗説とみなされる。

生年は判明していない。夫の由良成繁との間に、由良家の家督を継承した長男国繁と、隣国の館林領・下野国足利領（栃木県足利市）の国衆・長尾家を養子継承した次男顕長《あきなが》の、男子二人を産んでいる。国繁は天文十九年（一五五〇）生まれなので、この時の妙印尼の年齢を二十歳と仮定すると、その生年は享禄四年（一五三一）頃と推測される。夫の由良成繁は、永正三年生まれと伝えられているので、その場合には二十五歳もの開きがあり、嫡男国繁が生まれた時は、四十五歳であったことになる。このことから推測すると、成繁には前妻がい

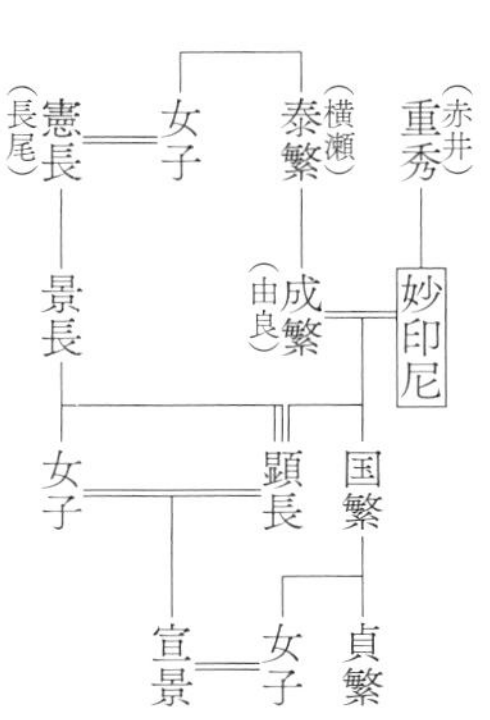

妙印尼関係系図

た可能性が高い。その場合には、妙印尼は成繁の後妻であったことになろう。

妙印尼の行動が当時の史料で確認されるのは、天正十八年（一五九〇）六月から、羽柴（豊臣）方に降伏してからのことになる。しかし同年八月一日付で羽柴（豊臣）秀吉から与えられた朱印書状に、「先年に、北条家から当主国繁が小田原に蟄《ちっ》居《きょ》させられ、居城の金山《かなやま》城（群馬県太田市）を攻められ、引き渡すようにと要求されたが、妙印尼（「母」）の判断で居城を維持し、秀吉（「京都」）へ事態の対処を要請してきた時に、成り行きに委ねるようにと返答し、残念ながら北条家に居城を引き渡した」と記されている（『由良文書』）。ここにいう「先年」とは、天正十一年から同十三年にかけてのことになる。

天正十一年十月、北条家は由良国繁・長尾顕長兄弟に、それぞれの本拠の金山城と館林城の借用を申し入れたところ、国繁・顕長の家臣は居城没収と勘違いして、本拠に帰還し、籠城の準備をした。そのため国繁・顕長は小田原に連行され、軟禁された。由良家・長尾家は謀叛と扱われ、北条家から攻撃をうけた。この抗争は同十三年正月に、国繁・顕長がそれぞれ本拠に帰還し、あらためて北条家に降伏、従属することで決着する。秀吉の朱印書状によって、その時に、妙印尼が居城引き渡しを拒否し、さらに秀吉への連絡を行っていたこと、すなわち当主国繁が不在のなか、北条軍との抗争や、羽柴秀吉への外交を取り仕切っていたことがわかる。この時、妙印尼は、由良家の当主不在により、「おんな家長」として、その軍事・外交を担ったのであった。

その状況は、当時に近い時期に成立した記録の『石川忠総《ただふさ》留書《とめがき》』にもみえていて、妙印尼（「御母公」）は、居城引き渡し要求の状況に、家臣たちが帰城してきたことをうけて、「大手」（政務の場であろう）に出向いて、家中に対し、「北条家のやり方は言語道断である、こうなったからには私（「尼」）の首を取って北条家に差し出すか、国繁・顕長両者の嫡男を取り立てて、金山（「新田」）・館林の両家中が協力して居城を維持するか」と問いかけたという。これをうけて家中は、躍り上がって勇んで、妙印尼の発言を尤《もっと》ものことと了解し、そのことに誰も背くことはないと一同で返答すると、妙印尼は「とても満足であり、そうなったからには国繁・顕長の事を嘆いてはいられない」と、さらに勇んだ、とある。

これによれば妙印尼は、当主国繁の不在のなか、「おんな家長」として家中を統率し、北条家との対戦を主導する役割を果たしたことがわかる。さながら、鎌倉時代前期の承久の乱（一二二一年）に際しての「尼将軍」北条政子の演説のようである。この時の妙印尼の活躍については、江戸時代中期成立の軍記史料『関八州古戦録』になると、もう少し詳しくなり、妙印尼については「心猛《たけ》く発明なる女性」と表現されるようになっている。さらに江戸時代後期成立の軍記史料『新田伝説』になると、籠城中に城中に出て行って家中の士気を鼓舞する姿などが記されるようになっている。

そして妙印尼の政治行動が再びみられたのが、小田原合戦での羽柴（豊臣）方への降伏後、その進退を確保する時のことになる。同合戦において、当主国繁は北条家の本拠・小田原城に入城しており、由良家の本拠・桐生城は、その嫡男で十七歳の貞繁（一五七四〜一六二一）を守将にして籠城した。六月二日には、羽柴方の東山道軍大将の前田利家に降伏し、開城している。同月七日、妙印尼は前田利家から黒印書状を与えられて、由良家（「新田」）の身上について、羽柴（豊臣）秀吉に取り成していて、秀吉から了解を得たことを伝えられている（『由良文書』）。軍記史料だが、『関八州古戦録』には、その後に妙印尼は嫡孫貞繁らをともなって、秀吉のもとに出仕し、秀吉から「女性ながら甲斐甲斐しく忠儀を示したことは古今稀である」と褒められ、身上の保証をうけたことが記されている。その後に妙印尼は、秀吉から所領を与えられるので、秀吉への出仕があったことは確かと思われる。

そして八月一日付で、妙印尼は秀吉から朱印書状を与えられ、常陸国牛久領五千石を与えられた。そこでは、天正十一年から同十三年での北条家との抗争の際には、妙印尼からの要請を果たすことができなかったため、今回の籠城については、その時のことを忘れずに、本領を与えるつもりであったが、それは徳川家康に与えてしまったため、堪忍分として牛久領を与えること、「母の覚悟」の通りに支配するよう、命じられている。牛久領はまさに妙印尼に与えられたものであった。これにより妙印尼は、秀吉直臣の「小名《しょうみょう》」となった。嫡男国繁には、秀吉から直接に所領は与えられず、かたちとしては妙印尼の嫡男の立場に置かれるのである。

ここに妙印尼は、形式的には、「小名」ながらも由良家の「おんな家長」として存在した。その所領は、まさに彼女の独自の働きが評価されて獲得したものといえる。この所領拝領の礼のためか、妙印尼は秀吉に進物を贈り、その礼状が九月五日付で秀吉から朱印書状で出されている（『由良文書』）。そこには、国繁・顕長の身上について取り計らうことが記されている。妙印尼は、そのことを秀吉に嘆願し続けていたのであろう。妙印尼の動向が当時の史料で確認できるのは、これが最後になっている。前田利家や羽柴（豊臣）秀吉から直接に三通の書状を送られていた。それらは、羽柴方との外交交渉を、妙印尼があたっていたこと、その時期の由良家の家長として、妙印尼が認識されていたことの証しである。そこでは「新田御老母」「由良・長尾老母」と宛てられていた。

なお『関八州古戦録』では、翌同十九年二月九日に、国繁が秀吉から牛久領五千石を与えられたことがみえている。その根拠は明確ではないが、日付まで記されていることからすると、何らか典拠となる史料があった可能性が高い。そうであれば妙印尼に与えられた所領は、この時にあらためて国繁に与えられたのかもしれない。そして妙印尼は、それから三年後の文禄三年（一五九四）十一月六日に牛久で死去した（『得月院墓碑銘』）。享禄四年頃の生まれであったとすれば、六十四歳くらいであったと推測される。

第五章

陸奥の「おんな家長」

たくさんいた陸奥国衆家の「おんな家長」たち

戦国時代末期の陸奥国《むつのくに》の戦国大名家・国衆《くにしゅう》家では、多くの「おんな家長」の存在がみられている。あらかじめ「おんな家長」として存在した時期の早い順にあげておくと、次のようである。

岩城《いわき》親隆《ちかたか》妻（桂樹院《けいじゅいん》）　天正《てんしょう》四年（一五七六）～同十一年
二階堂盛義後室（大乗院）　天正九年～同十七年
芦名盛隆後室　天正十二年～同十六年
田村清顕《きよあき》後室（渓山院《けいざんいん》）　天正十四年～同十六年
田村隆顕後室（小宰相《こさいしょう》）　天正十六年～同十七年
八戸《はちのへ》直政後室（清心尼）　慶長十九年（一六一四）～元和《げんな》六年（一六二〇）

これらをみていくと、南陸奥に集中してみられたことがわかる。しかもそれらの戦国大名家・国衆家は近接して存在し、かつその時期も近接していることは興味深い。そこには何か関連があるのかとも想像したくなる。

なお最後にあげている八戸直政後室のみ、江戸時代初期の事例で、地域も陸奥北部におけるものである。また戦国大名・国衆という領域国家ではなく、その有力一族にすぎなかった。しかし八戸家は、戦国時代においては、本家の盛岡南部家の別家《べっけ》として、国衆として存在し、この時期においても領国支配に独自性を維持していた。本来ならば本書が対象とする内容や時期からは外れるものとなるが、戦国時代の国衆の性格を残存させていたこと、大坂の陣（一六一四～一五）の時期までは、いまだ大名権力においては、戦国時代以来の構造が残されていたこと、さらには彼女の存在が「女当主」として比較的著名な存在であることから、あわせて取り上げることにした。

以下では、それらの事例のそれぞれについて、「おんな家長」としての活動の概要をみていくことにしたい。

岩城親隆妻（桂樹院）

まず最初は、陸奥国衆家の「おんな家長」の事例として、最も早くに確認できる、岩城親隆妻（桂樹院）から取り上げる。彼女は、常陸国北部の戦国大名・佐竹義昭（一五三一～六五）の長女とされ、陸奥国岩城領の国衆・岩城親隆（生年不明～一五九四）の妻である。母は、親隆には前代にあたる岩城重隆の娘（一五三二～五九、宮山玉芳大禅定尼）である。岩城親隆との

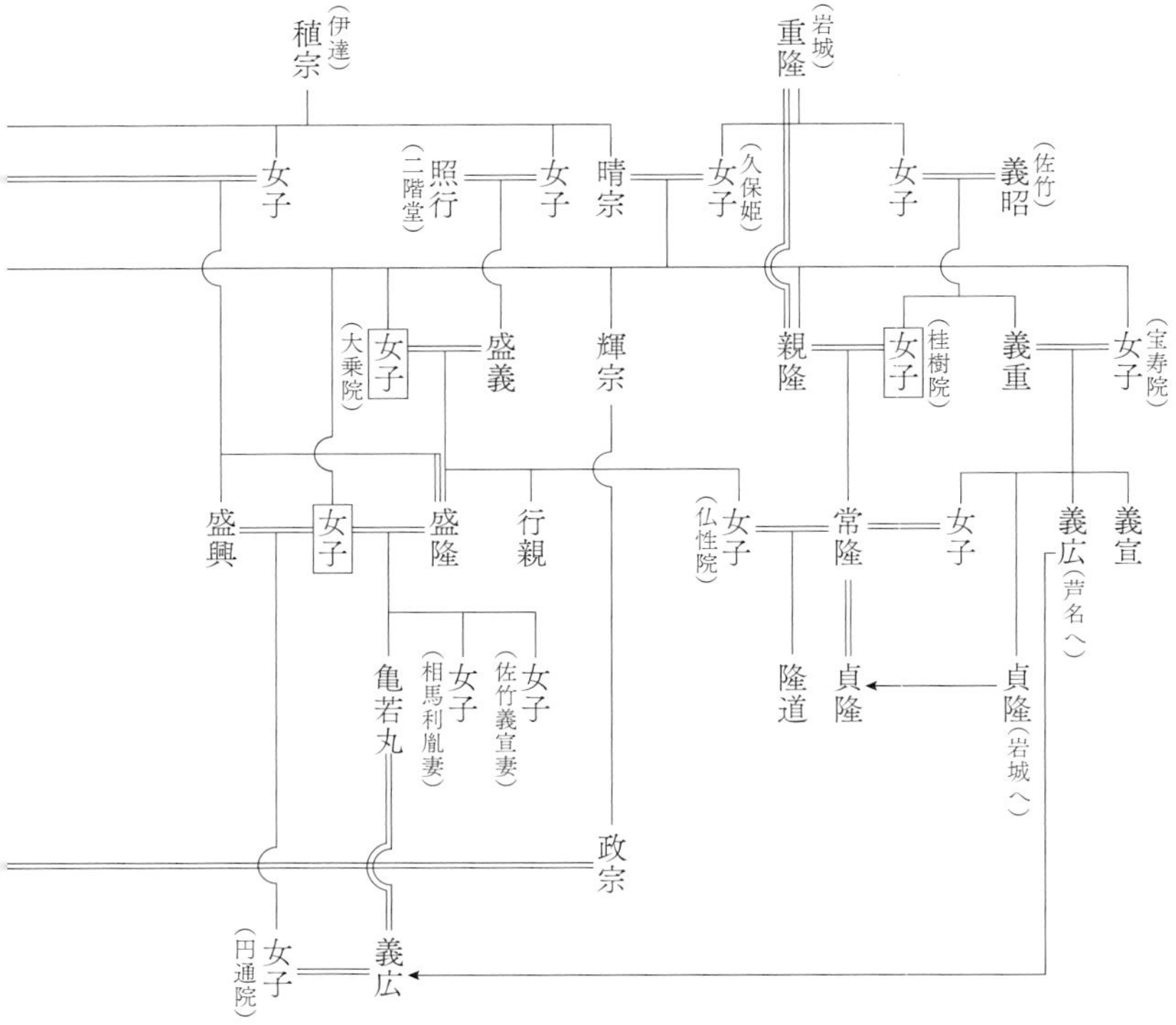

稙宗（伊達）
重隆（岩城）
女子
照行（二階堂）
女子
晴宗
女子（久保姫）
女子
義昭（佐竹）
女子（大乗院）
盛義
輝宗
親隆
女子（桂樹院）
義重
女子（宝寿院）
盛興
女子
盛隆
行親
女子（仏性院）
常隆
女子
義広（芦名へ）
義宣
亀若丸
女子（相馬利胤妻）
女子（佐竹義宣妻）
隆道
貞隆
貞隆（岩城へ）
政宗
女子（円通院）
義広

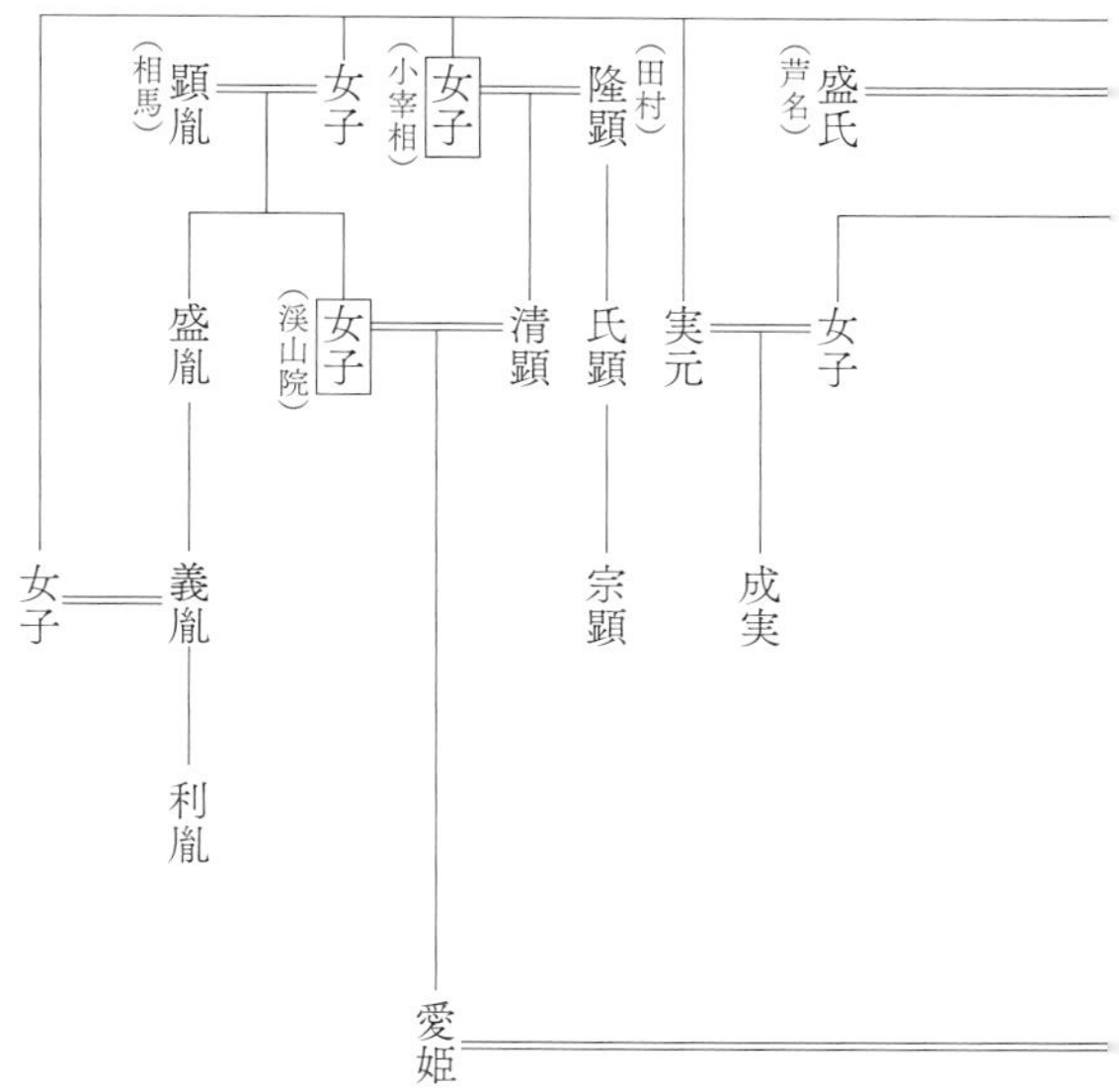

南奥の戦国大名・国衆関係系図

間に、永禄十年（一五六七）に嫡男常隆（一五六七～九〇）を産んでいる。その時の年齢を二十歳と仮定すると、生年は天文《てんぶん》十七年（一五四八）頃になる。そうすると佐竹義重（一五四七～一六一二）には、すぐ下の妹であったとみられる。

夫の岩城親隆は、奥羽の戦国大名・伊達晴宗の長男であり、その母は岩城重隆の娘久保姫（栽松院殿、一五一九もしくは一五二〇～九四）で、すなわち佐竹義昭妻で親隆妻母の姉にあたる。

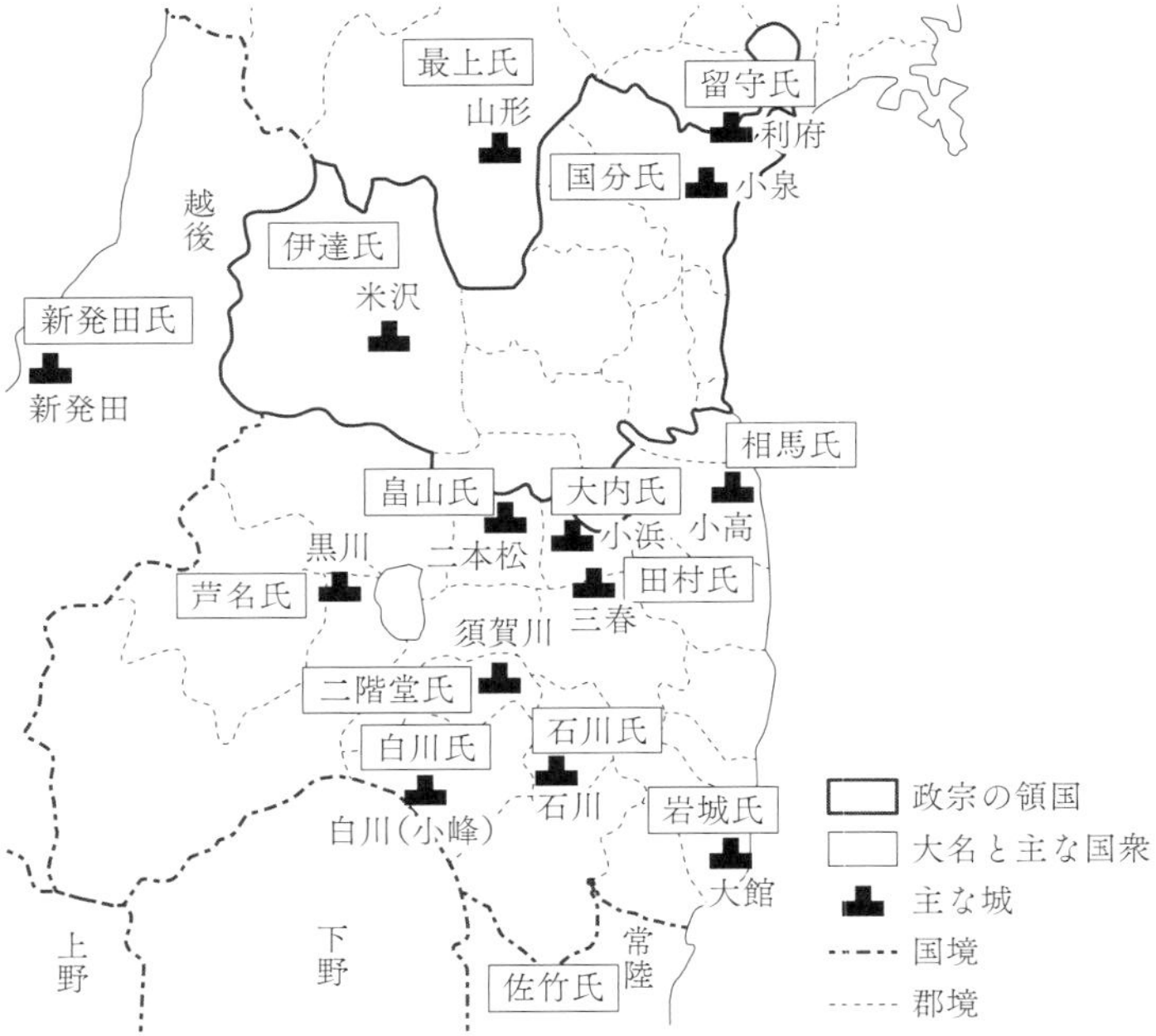

天正12年頃の南奥の戦国大名・国衆分布図（南奥羽戦国史研究会編『伊達政宗』）

岩城重隆には男子がいなかったので、久保姫と伊達晴宗との結婚に際して、その長男を岩城家の養子に迎えることが取り決められたとされる。それにより、岩城重隆には外孫にあたる親隆が、岩城家の養子に入った。生年は判明していないが、晴宗次男で伊達家の家督を継いだ伊達輝宗（一五四四～八五）が天文十三年（一五四四）生まれ、晴宗の長女・二階堂盛義後室（大乗院）が同十年生まれであることから、それよりも早い生まれで、およそ二年前の生まれとみると、同八年頃の生まれと推測できるかもしれない。

　親隆は、幼名《ようみょう》鶴千代丸を称していた同十六年に、岩城家に養子に入った。元服《げんぷく》後は初め実名《じつみょう》を宣隆《のぶたか》を名乗った。永禄十年（一五六七）までに実名を親隆に改名し、また祖父で養父の重隆から家督を継承したとみなされる。またこの年、親隆とその妻の間に、嫡男常隆（鶴菊丸）が生まれたとされている。このことから両者の結婚は、その一、二年前のことの可能性が高いであろう。もっとも親隆は永禄三年頃から佐竹家様の花押《かおう》型を使用し始めていて、これを結婚にともなうものとみる推測もある。

　親隆は元亀二年（一五七一）六月を最後に、政務をみられなくなったとみられている。その後では、天正五年（一五七七）から同十一年まで、印文「親隆」黒印が押捺《おうなつ》された黒印状が出されていて、これまでそれらは、親隆が出したものとみなされてきた。しかし親隆が、同黒印を使用した明確な事例はみられておらず、しかもそれらの黒印状は、真名文ではなく、すべて漢字仮名交じり文で書かれている。その一方で、天正四年から同十年までは、親隆妻による公文書の発給がみられており、そのなかの一通で同黒印を使用していることが確認されている。これらの状況を総合的に判断すると、「親隆」黒印の使用者は、親隆ではなく、その妻と考えるのが妥当である。

　その結果、親隆妻が出した公文書は、天正四年から同十一年までの間に、八通を確認できるものとなる。この数量は、第一章で取り上げた洞松院《とうしょういん》、前章で取り上げた小山秀綱《おやまひでつな》後室の数量を上回り、最多の発給文書を残す寿桂尼《じゅけいに》に次ぐ数量である。さらに親隆妻には、四通の消息が確認され、発給文書の総数は一二通にのぼっている。この数量は特筆されてよいであろう。それらの一覧を掲げよう。

①天正4・12・吉付　けいさん宛（『薬王寺文書』）署名「源の氏女」
②天正5・閏《うるう》7・23付　折内満平宛（『秋田藩家蔵文書』）「親隆」黒印
③天正6・2・15付　遍照光院宛（『薬王寺文書』）署名「源の氏女」
④天正6・8・吉付　上遠野《かどの》与次五郎宛（『上遠野文書』）「親隆」黒印
⑤天正10・3・24付　志賀弾正宛（『志賀文書』）「親隆」黒印
⑥天正10・9・25付　松山宛（『色川本岩城文書抄出』）「親隆」黒印・署名「小宰相」
⑦天正11・8・25付　常勝院宛（『色川本岩城文書抄出』）「親隆」黒印
⑧年月日未詳（猪狩氏宛か）覚書（『新編会津風土記』）「親隆」黒印
⑨年月日未詳　式部宛消息（『秋田藩家蔵文書』）署名「けいしゅ（桂樹）院」
⑩年月日未詳　式部宛消息（『秋田藩家蔵文書』）署名「した屋地より」
⑪年月日未詳　式部宛消息（『秋田藩家蔵文書』）署名「中将」

⑫年月日未詳　式部宛消息（『秋田藩家蔵文書』）署名「中将」

これらのうち、六通で「親隆」黒印を使用している。署名に注目すると、①③で「源の氏女」、すなわち源氏の佐竹家の娘と記している。なかでも③では本文で自らを「岩城当郡主源氏女」と記していて、岩城領の国衆家の岩城家当主であることを自認するものとなっている。⑥では女房名の「小宰相」、⑨では法号の「桂樹院」、⑪⑫では女房名の「中将」と記している。ここから彼女は、明確に女房名を称していたことがわかる。⑥では小宰相、⑪⑫では中将を称しているので、女房名は改称されることがあったことがわかる。⑪⑫には、文中に佐竹義重嫡男の義宣（一五七〇～一六三三）の名が記されているので、⑥よりも後のものになるから、小宰相から中将に改称したことがわかる。

そして⑨では法号を称しているので、それまでに出家したことがわかる。天正十年の時点では小宰相を称しているので、出家はその後のことと推測される。夫の親隆は、文禄三年死去と伝えられているので、出家はその後のことであろう。文中には、佐竹義宣の名が記されており、時期としても整合する。⑪⑫との関係を踏まえれば、⑪⑫は親隆生前の文禄三年以前のもの、⑫は親隆死去後の同年以降のものとみることができるであろう。

夫親隆の動向がみられなくなってから、親隆妻の文書発給がみられるようになっている。

黒印の拡大

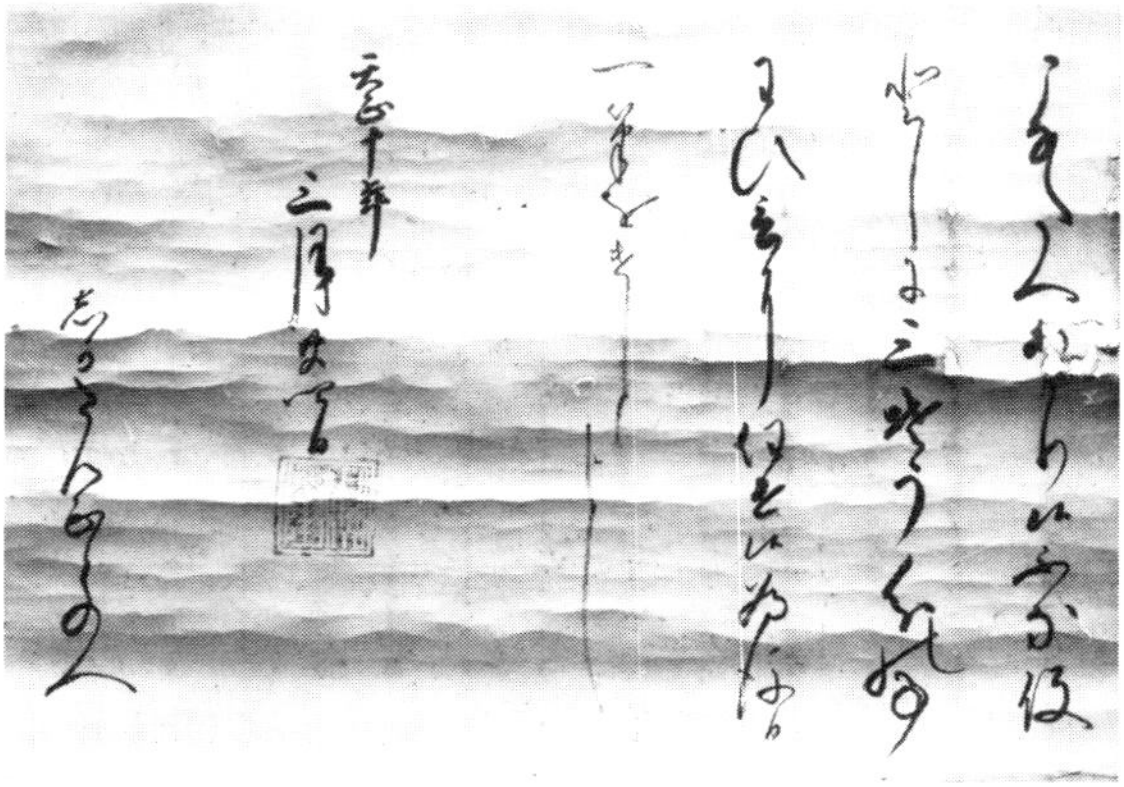

岩城親隆妻黒印状（東京大学史料編纂所所蔵写真）

そして次代当主として嫡男常隆が文書発給を開始するのは、天正六年十二月からのことであった。したがってその間、岩城家の当主は事実上は不在であり、そこで岩城家の政務を執ったのが、親隆妻とみることができる。彼女はその時期、岩城家の「おんな家長」の立場にあった。また常隆の当主としての地位が確立しても、五年間は、親隆妻も文書発給していた。これはいわば、隠居と当主による両頭政治にあたると評価できる。

それでは八通の公文書の内容について、簡単にみていこう。①は領内寺院に寺領を寄進したもの。②は野手役《のてやく》（野原用益のための負担）を負担する在村家臣に要請を容れて同役分を給恩として与えたもの。③は領内寺院に与えた禁制。④は独立的な家臣が奉公することを示してきたことに対して承認し、戦功があればそれに報いることを保証したもの。⑤は船役を納入する在村家臣に要請を容れて減免を認めたもの。⑥は領内寺院に要請を容れて寺家・屋敷への役賦課《ふか》の免除を保証したもの。⑦は領内寺院に馬借用を命じるとともに棟役（屋敷への賦課役）・田役（田地への賦課役）の免除を保証したもの。⑧は在村家臣にこれまでの奉公への対価を与えることを保証するとともに、さらなる奉公を命じたもの。

　これらの内容をみると、親隆妻による政務は、領国内で租税を賦課・免除する領国統治、家臣に知行（所領や権益）を与えたり軍事奉公を命じる家臣団編成を執り仕切っていたことがわかる。軍役奉公を命じていることからも、家中の軍事行動を指令していたこともうかがわれる。また独立的な領主（上遠野氏）の服属を承認していることから、外交も執り仕切っていたことがうかがわれる。これらの政務の内容は、まさに家長と同等のものである。天正年間に入ってから同十一年までは、親隆妻が岩城家の「おんな家長」として、その政務を執り仕切っていた。そして同六年末から当主常隆が登場すると、しばらくは、ともに家長権を行使する両頭政治を展開したのであった。

　そして天正十一年になって、常隆の政治的な成長をうけて、親隆妻は政務から引退したとみなされる。すでに岩城家は、親隆の活動が確認される最後の時期から、佐竹家に従属する関係になっていた。常隆は同十八年七月二十二日に二十四歳で死去した。その直前に、嫡男隆道（のち政隆、一五九〇～一六一五）が誕生していたものの、幼少であったため、佐竹義重の三男貞隆（一五八三～一六二〇）により養子継承された。そのため隆道とその母の常隆後室（岩城御前、二階堂盛義娘、のち伊達成実後妻、仏性院殿、生年不明～一六二〇）はともに岩城家を退去し、のちに伊達家を頼っている。

それに対して、親隆妻はその後も岩城家にとどまっているので、この貞隆による岩城家継承は、彼女も了解のうえでのことであったろう。嫡男常隆が当主であっても、親隆妻は岩城家の「家」妻として、家政に関与していたとみなされる。そして常隆死去をうけて、実家の佐竹家との関係の維持を図って、その養子縁組を了承したのであろう。なお親隆妻のその後の動向については、先にあげた消息の⑨～⑫が確認される程度にすぎないようである。今後において関係史料の確認を期待したい。

二階堂盛義後室（大乗院）

二階堂盛義後室（大乗院）は、伊達晴宗の長女で、天文十年（一五四一）生まれで、伊達家の家督を継いだ輝宗の姉にあたる。母は岩城重隆の娘（久保姫・栽松院殿）である。陸奥国須《す》賀川《かがわ》領（福島県須賀川市周辺）の国衆・二階堂盛義（一五四四～八一）の妻となった。二階堂盛義は、二階堂照行の嫡男で、母は伊達稙宗《たねむね》（晴宗の父）の娘であったから、盛義とその後室は、従兄弟《いとこ》同士になる。実名などは不明で、法名を大乗院殿法岸秀蓮大姉といった。

両者の間には、永禄四年（一五六〇）に、陸奥国会津領（福島県会津若松市周辺）の戦国大名芦名家を継承した長男盛隆（一五六〇〜八四）が生まれているので、結婚はその一、二年前のことと推測される。その後に、二階堂家の家督を継承したとされる次男行親《ゆきちか》（一五六八もしくは七〇〜八五）、僧侶となった三男行栄《ぎょうえい》（一五八一〜没年不明）、岩城常隆妻（のち伊達成実後妻、仏性院殿、生年不明〜一六二〇）が生まれたとされる。ただし三男の誕生時、盛義後室は四十一歳になっているから、行栄は彼女の所生ではなく、庶出であった可能性が高い。

盛義は、弘治《こうじ》三年（一五五七）の父照行の死去をうけて二階堂家の当主になったとみられ、永禄九年に芦名盛氏に従属した。以後の二階堂家は芦名家の従属下に位置した。また長男盛隆を人質として出し、さらに盛氏から「盛」字の偏諱《へんき》を得て、それまでの実名行盛から盛義に改名したという。天正二年（一五七四）に芦名盛氏の嫡男で当主であった盛興《もりおき》が死去し、盛興には男子がなかったので、盛氏は盛興後室（伊達晴宗娘）に、二階堂家から人質に出されていた盛隆を婿にとって、芦名家の家督を継承させた。そして同九年七月二十二日、盛義は三十八歳で死去した。そのため十四歳もしくは十二歳の次男行親が家督を継いだとみなされる。

しかし行親はまだ年少であったから、盛義後室が二階堂家の家長権を行使し、「おんな家長」として存在したとみなされる。さらにその行親も、同十一年もしくは同十三年の三月二十三日に、十六歳で死去した。これにより二階堂家は当主不在となり、盛義後室は名目的にも二階堂家の当主として存在したと考えられる。同十七年六月に芦名家は、伊達家により滅亡した。この時の伊達家の当主は、盛義後室の実弟輝宗の嫡男の政宗であり、伯母・甥《おい》の関係にあった。芦名家滅亡をうけて、盛義後室は、芦名家を統制していた佐竹家とそれに従う岩城家と連携した。盛義後室の娘は岩城常隆の妻であり、妹（生年不明～一六三一、宝寿院殿）は佐竹義重の妻で当時の当主義宣の母であった。盛義後室にとっては、伊達家も佐竹家・岩城家もともに親戚関係にあったが、そのなかで実家の甥よりも、娘婿および妹の婚家との連携を選択したといえる。そのため伊達政宗は、二階堂家の攻略を図り、二階堂家重臣の保土原行藤を服属させ、それを通じて盛義後室に服属を働きかける。

政宗は九月十二日付で保土原に宛てた書状で、「今日まで後室は佐竹・岩城に味方されているか」（『個人所蔵文書』）といい、その後も、須賀川城攻略のために出陣した翌日の十月二十一日付で、「御台（盛義後室）に（降伏を）催促して、その結果を待つ」（『政宗君記録引証記』）といい、同月二十二日付で「後室が挨拶（降伏）するとの連絡がすぐに来ることを期待している」（同前）、「後室へ催促のために今回書状を出した」（同前）といい、同月二十四日付で「御台へ催促の書状を二十二日に遣わした、二十四日のうちに返事がなければ攻撃する」（同前）

といい、同月二十五日付で「後室は信用できないことはわかっている」（『小野寺文書』）と述べている。

　これら政宗の書状の文面をみると、盛義後室が二階堂家の当主として存在していたことがわかる。政宗はそれに対して、降伏を促す書状を送り、その返事を待ったのであった。まさに盛義後室が、その外交判断をも担っていたことがわかる。しかし盛義後室は、佐竹家・岩城家への味方を維持して、ついに二十五日に伊達軍から須賀川城への攻撃をうけ、翌二十六日に落城し、これにより二階堂家は滅亡、須賀川領は伊達家に併合された。盛義後室（「みだい」）は、助命され、母久保姫が居住していた伊達家領国の杉目《すぎのめ》城（福島県福島市）に送還された（『片倉代々記』）。

　その後、盛義後室は伊達政宗の庇護をうけることを拒否し、娘婿の岩城常隆を頼り、その死去後は、妹の婚家の佐竹家の庇護をうけた。そして慶長七年（一六〇二）に佐竹家が常陸から出羽秋田に転封されると、それに従うが、その道中で病体になり、二階堂家の菩提寺である須賀川長禄寺で死去したという。六十二歳であった。盛義後室は、領国支配のための発給文書こそ残されていないものの、滅亡までのおよそ九年におよんで、「おんな家長」として二階堂家の当主として存在したことは確かであった。今後において、その発給文書が確認されることもあるかもしれない。

芦名盛隆後室

芦名盛隆後室は、伊達晴宗の四女で、二階堂盛義後室（大乗院）の妹であり、陸奥会津領の芦名盛興（一五四七〜七四）の妻となり、その死後に、盛興の家督を継承した盛隆（一五六一〜八四）の妻になった。生年は判明していないが、天文十八年（一五四九）生まれの留守政景、同十九年生まれの石川昭光の妹にあたると推定されるから、天文二十年代の生まれであったろう。

夫の芦名盛興は、芦名盛氏（一五二一〜八〇）の嫡男で、母は伊達晴宗の姉であったから、従兄弟同士にあたった。永禄九年（一五六六）正月に、芦名盛氏と伊達輝宗（晴宗の嫡男）の同盟が成立し、それにともなって盛氏嫡男の盛興と結婚した。両者の間には、元亀三年（一五七二）に娘（れんみつ・円通院、芦名義広妻）が一人生まれている。しかし盛興は、天正二年（一五七四）六月五日に、二十八歳で死去した。

芦名家には盛興以外に男子がいなかった。そのため盛氏は、盛興後室を養女とし、二階堂盛義の長男の盛隆をその婿養子に迎えて、芦名家の家督を継承させた。盛隆は、盛興後室にとっては姉の子であったから、年少の甥との結婚であった。盛隆はこの時は十四歳にすぎな

朱印の拡大

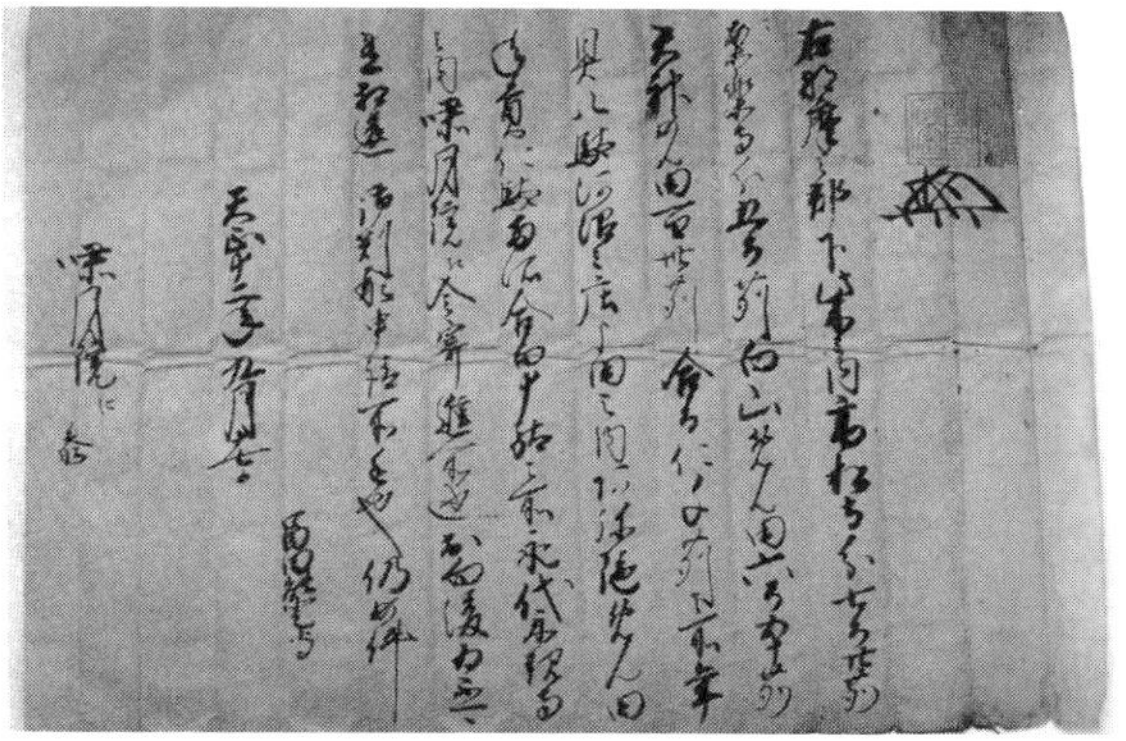
蘆名盛隆加判冨田能登守寄進状
（天正12年9月17日付／所蔵：示現寺／画像提供：喜多方市教育委員会）

かったので、家督を継承したのちに元服《げんぷく》した。盛隆との間には、天正十二年に嫡男亀若丸が生まれ、その他に娘二人（佐竹義宣別妻・相馬利胤《としたね》妻）が生まれている。

ところがその盛隆も、天正十二年六月十三日に、二十四歳で死去してしまった。家督は一歳の亀若丸が継承したが、当然ながら政務を執ることはできないので、盛隆後室が家長権を行使し、「おんな家長」として存在することになった。この時期の彼女は、「会津後室」と称されている（『伊達文書』）。そして盛隆後室による政務を示す史料とみなされるのが、同十三年三月七日付（『新編会津風土記』）と同十四年十二月二十二日付（『八角神社文書』）の所領売券《うりけん》の袖に、印文「止々斎《ししさい》」方形朱印を証判《しょうばん》として押捺したものである。この時期、当主として亀若丸が存在していたものの、朱印押捺による決裁を行ったのは、盛隆後室と判断される。

この朱印は、芦名盛氏の出家後の斎号を印文にしたものだが、その登場は盛氏が死去（天正八年）した後、盛隆の代からになる。盛隆生前では、天正九年二月九日付（『新編会津風土記』）と同十二年九月十七日付（『示現寺文書』）の所領売券・寄進状の袖に、同朱印および盛隆の花押が据えられていて、花押と朱印の重判による証判のかたちになっている。そのため同朱印は、盛隆の使用とみられてきた。しかし盛隆は、他方ですでに単独で判物《はんもつ》を出すようになっているから、証判も盛隆の花押だけでよいと思われる。にもかかわらず、そこで花押の上部に朱印が押捺されているのであるから、それには別の理由があったことが想定される。

盛隆の死去後、二通の同朱印による証判文書は、盛隆後室の決裁と理解されることからすると、むしろ同朱印は、彼女の使用によると考えることができるかもしれない。その場合には、盛隆後室は、前代盛興の後室として、芦名家の「家」妻の立場にあり、かつ家付き娘として、家政を分担していたことが想定される。盛隆の時期は、盛隆の妻にして前代盛興の後室と盛隆との両頭政治が行われていた可能性も考えられる。今後、この時期の芦名家の発給文書の性格を詳細に分析する必要があるように思う。

天正十四年十一月二日に、当主亀若丸はわずか三歳で死去してしまった。これにより芦名家は、当主不在になった。そのため盛隆後室は、名目的にも芦名家の当主代行として、政務を主導する立場になった。すぐに新たな当主の擁立がすすめられ、同十五年二月に、妹婿にあたる佐竹義重の次男で、この時は陸奥国白河領（福島県白河市周辺）の国衆・白川家の当主になっていた義広（一五七五〜一六三一）を、盛興長女の婿養子にすることを決めた。

芦名家の家督をめぐっては、佐竹義重と伊達政宗（輝宗の子）から働きかけがあったと伝えられているが、その決定は「おんな家長」である盛隆後室によるものであったろう。佐竹義重は妹婿、伊達政宗は兄輝宗の子で甥にあたり、いずれも親戚関係にあったが、盛隆後室は佐竹家を選択したのであった。この状況は、長姉の二階堂盛義後室（大乗院）と同調していたとみられよう。義広はまだ十三歳、妻となった盛興娘は十六歳であった。そして三月三日に、義広は白河城から会津黒川城に入部し、芦名家の家督を継承した。これにより盛隆後室は、「家」妻の立場に戻ったとみなされる。

ただし義広の政治活動が確認されるのは、同十六年閏五月からになる。その直前の五月十一日に、盛隆後室は死去した。義広の政治活動が確認されるまでの間、芦名家による政務を示す公文書は確認されていない。史料残存の都合によるとも考えられるが、義広はようやく十四歳になっていることから考えると、まだ年少のため、引き続いて盛隆後室が政務を執り仕切っていたと考えられるのではないか。芦名家と政治対立するようになっていた伊達政宗は、盛隆後室（「会津後室」）の死去を聞いて、「会津の混乱は、仕方の無いことだ」と述べている（『伊達文書』）。彼女こそが、それまで芦名家を真に主導していた存在であったことがうかがわれよう。

盛隆後室の死去から一年後の同十七年六月、芦名義広は伊達政宗との摺上原《すりあげはら》合戦に敗北し、会津領を退去し、戦国大名芦名家は滅亡した。義広は妻円通院と、その同母妹で盛隆娘二人を同行して、実家の佐竹家に戻った。そうして円通院ら盛隆後室の三人の娘は、佐竹家の庇護をうけるのであった。

田村清顕後室（渓山院）

田村清顕後室は、陸奥国小高領（福島県南相馬市周辺）の国衆・相馬顕胤《あきたね》（一五〇八～四九）の娘で、その嫡男盛胤《もりたね》（一五二九～一六〇一）の妹にあたり、天文九年（一五四〇）生まれとみられる。兄盛胤からは十一歳の年少にあたっている。同国三春領（同三春町周辺）の国衆・田村清顕（生年不明～一五八六）の妻である。母は伊達稙宗の長女である。夫の田村清顕は、田村隆顕（生年不明～一五七四）の嫡男で、その母は次で取り上げる伊達稙宗の娘であったから、清顕とその後室は、従兄弟同士にあたった。両者の間には、永禄十一年（一五六八）に長女愛姫（伊達政宗妻、陽徳院殿、一五六八～一六五三）が生まれている。清顕後室は二十九歳であった。子供はこれ一人であった。実名は不明で、晩年に娘婿伊達政宗の庇護をうけ、その居城の陸奥国仙台城（宮城県仙台市）に居住した際に、「於北様」と称されている。

天正十四年（一五八六）十月九日に、田村清顕は死去した。男子はいなかったため、田村家は当主不在となった。そこで田村家の家政を執り仕切ったのが、清顕後室であった。当主不在のなか、彼女が田村家の「おんな家長」として家政を主導した。その状況について、伊達政宗は「後家持ち」と表現している（『木村宇右衛門覚書』）。前代当主の後室が「おんな家長」として存在した状態について、そのように表現されたことが知られる。

田村家はそれまで伊達政宗と同盟関係にあった。田村家の家督も、政宗と愛姫の間に生まれた男子を養子にすることが取り決められていたという。しかし同十六年四月になって、三春領をめぐり、伊達政宗と相馬義胤（盛胤の子、一五四八～一六三五）の抗争となり、同年閏五月に、清顕後室は実家の甥にあたる相馬義胤と連携することを決し、義胤を本拠の三春城に引き入れようとした。しかしこれは多くの田村家中の同意を得られず失敗した。

相馬義胤はその後、佐竹家・芦名家・岩城家に援軍を求め、こうして同年六月から七月にかけて郡山合戦が起きる。合戦は和睦が成立し、それにともない政宗による三春領支配が取り決められ、七月二十三日に、清顕後室の隠居、清顕の弟氏顕の子宗顕（生年不明～一六四八か）を田村家当主とすることが決定された（『貞山公治家記録』）。そして清顕後室は、八月三日に三春城から退去し、領内の船引《ふねひき》（福島県田村市）に移された（『平渡文書』）。その際に政宗は、清顕後室を「後室」と称し、その三春城からの退去が、政宗の同領制圧を象徴するものとしてとらえており、それまで清顕後室が田村家の事実上の当主であったことを如実に示している。

清顕後室はその後、同十八年の羽柴（豊臣）秀吉による奥羽仕置まで、三春領に居住していたとみられるが（『貞山公治家記録』）、そこで田村家が改易されたことで、同領から退去したと思われる。その後は実家の相馬家の庇護をうけたらしい。小高領堤谷《つつみがい》に居住したため、「堤谷御前」と称されたという。その時期の発給文書として慶長五年（一六〇〇）十一月二十日付の黒印状が確認されている（『鈴木文書』）。しかしその後、同七年五月に、相馬家が改易されそうな事態になったため、清顕後室（「田村後室」）は娘婿の伊達政宗に引き取られ（『政宗君記録引証記』）、以後はその庇護をうけてその本拠の仙台城に居住した。そして元和五年（一六一九）正月二十一日に死去した。没年齢は八十歳と伝えられているらしい。法名は渓山院殿玉宝性金大姉といった。

田村隆顕後室（小宰相）

田村隆顕後室は、伊達稙宗の娘で、その嫡男輝宗の妹にあたるが、母は稙宗別妻《べっさい》の「下館殿」である。陸奥国三春領の国衆・田村隆顕（生年不明～一五七四）の妻になった。両者の間には嫡男清顕が生まれた。その妻が前項で取り上げた清顕後室（渓山院）になるから、隆顕後室はその姑にあたる。夫の隆顕には、清顕の他に、氏顕・石川稙光《たねみつ》妻の子供があったが、隆顕後室の所生かはわからない。隆顕は天文四年（一五三五）には、父義顕から家督を譲られて、田村家の当主になっていたとみられている。隆顕と隆顕後室の結婚も、その頃のことであろうと思われる。

隆顕は、元亀元年（一五七〇）頃には、家督を嫡男清顕に譲って隠居したとみられていて、天正二年（一五七四）九月六日に死去した（『伊達輝宗日記』）。隆顕後室はそれまで「家」妻として存在していたと思われるが、それにともない隠居したことであろう。以後は、三春城のうち東館に居住し、「御東」と称された。また女房名が判明していて、「小宰相」を称したことが確認される（『伊達文書』）。

隆顕後室が、田村家の「おんな家長」として存在したとみられるのは、天正十六年（一五八八）八月三日に、前代清顕の死去から「おんな家長」として存在した清顕後室の隠居にともなう。田村家では、清顕後室の実家の相馬家と、隆顕後室の実家の伊達家のいずれと連携するかの対立があり、郡山合戦の結果、伊達家の優位が確定した。その際に隆顕後室は、和睦が成立する直前の七月十四日付で、甥にあたる伊達家当主の政宗に書状を出して、清顕後室とその実家相馬家との連携や、田村家中の様子を報せて、政略にあたることを要請している（『伊達文書』）。これによって彼女が、伊達家に味方する代表者であったことがわかり、相馬家に味方する清顕後室と並んで、一方の「おんな家長」として存在したといえる。

伊達政宗の三春領制圧により、清顕後室の隠居と、田村家当主として氏顕の子宗顕の擁立が決められた。この宗顕擁立に関しては、隆顕後室の意向も関わっていたかもしれない。政宗は清顕後室が三春城から退去した二日後の八月五日に、同城に入城し、九月十七日まで同城に在城して、三春領の仕置（統治体制の確立）にあたった。政宗の入城にあわせて、従軍していた田村宗顕も入城し、三春城の中核である本城に入って、田村家当主となった。

隆顕後室の具体的な動向が確認されるのは、この時期になる（『伊達天正日記』）。政宗は入城すると本城に入り、その後に東館に隆顕後室（「御東」）を訪問している。十五日に田村宗顕の出仕をうけた後に、隆顕後室を訪問、十七日にも夜に訪問している。二十七日にも訪問している。九月一日に田村宗顕の出仕をうけた後、隆顕後室を訪問し、十一日にも訪問している。そして出立の前日となる十六日に、田村宗顕から進物を贈られた後に、隆顕後室を訪問している。

こうした政宗による隆顕後室への度重なる訪問の状況をみると、この時に田村家の真の当主は、彼女であったことがうかがわれる。政宗が隆顕後室を訪問した度合いは、当主となった宗顕から出仕をうけたことよりもはるかに多い。そして宗顕が、田村家当主として公文書を出すのは、翌同十七年八月からのことになる（『木目沢文書』）。このような状況をみると、清顕後室が隠居してから、新当主の田村宗顕による公文書発給までの間、隆顕後室が田村家の「おんな家長」として存在していたとみることができるように思う。

なお彼女のその後の動向は確認できていない。同十八年の田村家の改易までは、三春城に在城していたとみなされるが（『貞山公治家記録』）、改易後の動向は確認されていないようである。

八戸直政後室（清心尼）

八戸直政後室（清心尼）は、陸奥国盛岡領の領国大名・南部家の一族で、八戸領（青森県八戸市周辺）の領主・八戸直栄《なおひで》（一五七二～九五）の娘で、母は盛岡南部家当主の南部信直（一五四六～九九）の長女「千代子」（一五七六～一六一五）である。天正十五年（一五八七）生まれで、実名は「ねね」「めご」。「清心尼」という呼称は通称で、法名の浄地院芳誉貞薫大姉とも関係していない。後に触れるように、その貞節・清廉さを賞美されたことによる呼称という。

夫の八戸直政（一五八七〜一六一四）は、同年齢にあたり、八戸直栄の弟であった。文禄四年（一四九五）に八戸直栄が後嗣のないまま死去したため、直栄・直政の父で隠居の政栄《まさひで》（政義、一五四四〜一六一〇）の計らいにより、直栄の嫡女「ねね」に、直栄弟の直政を婿養子にし、八戸家の家督を継承させた。しかし夫婦ともまだ九歳の年少であったため、隠居政栄が八戸家の政務にあたった。慶長十年（一六〇五）二月に、両者の長女で、直政には次女にあたる娘（千代・めご）を産んでいる。

夫の直政は、二十歳になった慶長十一年から八戸家の政務にあたるようになった。しかし同十九年六月二十日、二十八歳で死去した。しかもその直後の七月二十六日、嫡男の久松も早世してしまった。久松の母が「ねね」であったかは確認されないが、その幼名は八戸政栄が称していたものであるから、八戸家の嫡男に位置付けられていたとみなされている。しかしその久松も死去したことで、八戸家には後継可能な男子はいなくなり、当主不在になった。そのため主君の盛岡南部家当主の利直（信直の子、一五七六〜一六三二）の命令により、八戸家の後継当主が決まるまで、「ねね」が当主となった。

ちなみにその後に、南部利直が「ねね」に南部家重臣の毛馬内《けまない》氏を婿に迎えて再婚することを提案してきたため、「ねね」はそれを拒否し、出家した。利直はその貞節・清廉さに圧倒され、あらためて「ねね」の娘に婿養子を迎えるまで、「ねね」を八戸家当主として認めた。そしてこれによって、「ねね」は「清心尼」と称された、と伝えられている。

こうして清心尼は、八戸家の「おんな家長」となった。しかし八戸領の統治において、全権を担うものとはならなかったようである。主君の利直は、領内統治にあたっては、自分に相談したうえで、清心尼は四人の家老に執行を命じるものとされた。八戸領統治について、清心尼は自己判断で行うのではなく、主君の利直の同意を得るかたちがとられた。そのためその後、利直から八戸領統治に関して指示が出され、また八戸領において清心尼で解決できない問題が生じた場合には、利直によって決裁されるようになったという。

このような状況は、戦国時代における戦国大名・国衆にはみられない事態といえる。八戸家は、戦国時代の国衆として存在して以来、独自的な領域支配を展開していたが、八戸家の当主不在、清心尼の当主化にともなって、主君の盛岡南部家から強い統制をうけるようになったとみることができる。ここに戦国時代とは異なる、近世統一政権のもとで存在

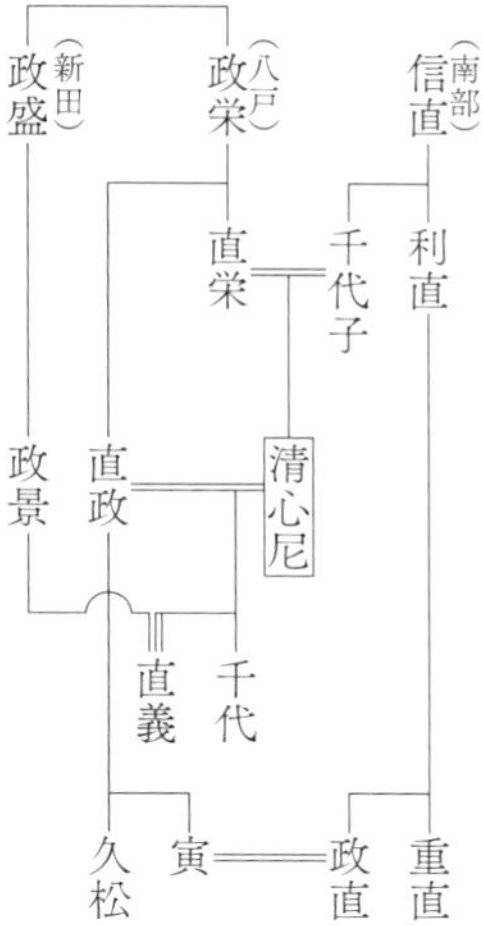

清心尼関係系図

する領国大名家とその一族・重臣の在り方をみることができる。自立的な領域支配を展開しながらも、本源的な部分において主君の領国大名家の統制をうけるものとなっていた。

元和元年（一六一五）六月十四日に、清心尼の母「千代子」が四十歳で死去した。彼女は信直正妻の所生で、庶出の当主利直よりも血統的に優越していた。その「千代子」の遺領は九月十二日に、清心尼に継承が認められたが、その際に利直は、清心尼に宛てて黒印状による知行充行《あてがい》状を出している（『岩手郡誌』）。これは八戸家が、盛岡南部家から出された知行充行状として初めてのものになっている。こうして八戸家は、盛岡南部家の家臣として明確に位置付けられていった。このように清心尼は、八戸家の「おんな家長」に位置してから、当主利直から黒印状を直接に与えられるようになった。そこでは「八戸三五郎（直政）内儀」と記され、その後では「八戸内儀」「八戸かみ」と記されている。

さらに同三年三月二十一日に、清心尼は利直から、領内の地一部を収公される代替として、八戸領における山川海年貢の徴収を承認される（『遠野南部文書』）。しかしそれらはそもそも、八戸家の領域支配の内容に含まれるものであった。それがあらためて利直から承認されたのは、盛岡南部領全体の統治権が南部家に帰するものとなったことを意味している。そして同四年十一月二十三日に、清心尼は利直から八戸領一万二五〇〇石の所領全体について、黒印状による知行安堵状を出された（『遠野南部文書』）。これにより八戸家の所領は、その内容は盛岡南部家によって決定されるとともに、その統治権のもとにあることが明確に示されるものとなった。

なおその直後に、直政の庶出の長女「寅」と、利直の庶出の次男政直との結婚が行われた。これは利直と清心尼の関係修復のためとみられている。そして同六年閏十二月十八日、清心尼は、十六歳の嫡女の「千代」「めご」（祖母・母から継承した名）に、八戸家一族の新田政景（政広、政栄の甥、直栄・直政の従弟）の長男で十九歳の直義（一六〇二～七五）を婿養子に迎えて、八戸家の家督を譲った。清心尼は三十四歳になっていた。これにより清心尼は「おんな家長」の立場から隠居し、「家」妻として直義の政務を補佐する立場になったと思われるが、具体的な動向は明確にはなっていないようである。

同七年五月二十七日に、利直から直義に八戸領を与える知行充行状が出され、その二日後には清心尼に、隠居所領の充行状が出されている（『遠野南部文書』『三翁昔語』）。これが清心尼の公的な活動としては最後のようである。八戸家はその後、寛永四年（一六二七）に八戸領から遠野《とおの》領（岩手県遠野市）に転封になり、ここに国衆家以来の領域支配は終焉を迎えた。そして清心尼は、同二十一年（正保元年・一六四四）六月四日に、五十八歳で死去した。

第六章　著名な「おんな家長」の実像

著名だが実像が不明の「おんな家長」たち

世間一般では、「女城主」として知られている人物が、ほかにも何人か存在している。世間でいう「女城主」は、男性当主が不在のなか、事実上の当主として存在したものをいっているので、それは本書でいう「おんな家長」にあたる。最も有名なのが、二〇一七年ＮＨＫ大河ドラマ「おんな城主直虎」の主人公の、井伊直虎であろう。しかし井伊直虎は、実際には男性であり、女性説は江戸時代半ばに成立した物語になる（拙著『井伊直虎の真実』参照）。そのため本書の対象からは外れる。

それ以外で、著名な人物としてあげられるのが、筑前戸次《べっき》闇千代《ぎんちよ》、美濃遠山景任後室《かげとうこうしつ》、遠《とおと》江《うみ》飯尾《いのお》連竜《つらたつ》後室などであろう。ただしこのうちの戸次闇千代は、戦国大名家の重臣家の立場にあり、これまで取り上げてきた戦国大名家・国衆《くにしゅう》家とは異なるが、家督を継承した立花家は、国衆的な存在であること、闇千代自体が著名な存在であるため、ここで取り上げることにする。あとの遠山家・飯尾家は、いずれも国衆家となる。

ところが彼女たちについては、前章までで取り上げてきた人々のようには、当時の史料から「おんな家長」としての存在や活動について、ほとんど知ることができない。現在に伝えられているその活動は、江戸時代以降に作成された軍記史料や地誌史料、さらには物語によるものになる。そこに事実の一端が反映されている可能性を否定はしないが、当時もしくは当時に近い史料にみられないので、その実像は不明というほかない。ここでは当時の史料で把握できる、彼女たちの概略について述べておくことにしよう。

戸次誾千代（戸次道雪嫡女）

戸次誾千代は、一般には「立花誾千代」の名で知られている。その呼称は、父を「立花道《どう》雪《せつ》」と呼び、夫が立花宗茂（初名は統虎《むねとら》）であることから生じたものであろう。しかし父は終生、戸次名字を称して、立花名字は称していない。そのため父の名は「戸次道雪」と呼ぶのが正確であり、したがってその娘の誾千代についても、「戸次誾千代」と称すのが適切である。

誾千代は、永禄十二年（一五六九）生まれで、父は戸次道雪（法名、実名は鑑連《あきつら》、一五一三〜八五）である。戸次氏は、豊後の戦国大名大友家の庶流にあたり、戦国時代にはその重臣に位置した。母は、大友家家臣の問注所鑑豊《もんちゅうじょあきとよ》の娘である。父の道雪は、男子がいなかったため、弟鑑堅《あきかた》の子で甥《おい》にあたる鎮連《しげつら》を養子に迎えて、天文《てんぶん》十九年（一五五〇）三月に家督を譲って

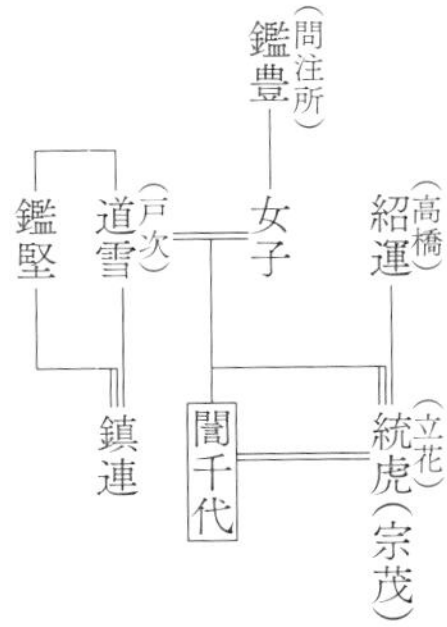

戸次闇千代関係系図

いる。しかし道雪は、隠居したとはいえ、その後も大友家の重臣として存在し、事実上は鎮連とは別家《べっけ》をなしていくものとなる。

そうして元亀二年（一五七一）七月に、大友宗《そう》麟《りん》（実名は義鎮《よししげ》）から筑前国立花城（福岡県福岡市など）を与えられ、その「城督」となった。立花城は、大友氏庶流の立花家の居城で、立花家は大友家に従っていたが、これより以前に謀叛して討滅されていた。その後は、中国地方の戦国大名毛利家との間で攻防が展開されて、前年に大友方として確保を果たしていた。そのうえで道雪に与えられたのであった。当初は立花城の中核部分にあたる西城のみの城督であったが、天正三年（一五七五）までに、立花城全体を与えられ、その立場は「立花城家督」と称された。

この立場は、前城主の立花家の家督を意味していたと考えられる。道雪は事実上、立花家の家督を管轄する存在となった。ただし道雪自身は、立花名字を称することはなく、終生、戸次名字で過ごした。そして天正《てんしょう》三年五月十日、大友宗麟・義統《よしむね》父子は道雪に、道雪には男子がないので、戸次家家督の鎮連の子供の一人に「立花城家督」を継承させ、道雪はその後見として在城することを命じた（『立花文書』）。しかし道雪は、嫡女の闇千代に婿養子を迎えて、それに立花家の家督を継承させることを考えていたらしく、そのためその命令に従わなかった。そして五月二十八日に、誾千代に立花城およびその城領・諸道具などを譲与する、譲状《ゆずりじょう》を与えるのであった（『立花文書』）。

この譲状は、道雪から「ぎんちよ女」に宛てられている。有力武家の家督の譲与にともなう譲状として、さらにはそれが女性に宛てられているものとして、この文書は極めて珍しく、まさに稀有のものである。その内容は、立花城全体とその城領、それに関わって道雪が大友家から与えられた一五通の証文、道雪がこれまでの戦功のたびに大友家から拝領した太刀などの武具、および自身が所蔵してきた武具、道雪の戦功に対して大友家から与えられた感状類、立花城付属の武具・銀・塩などの備品・備蓄品、城付所領、城郭普請人足役などにわたっている。これは立花家というよりは、それを管轄するとともに、現在の戸次家別家としての道雪の家督の内容を示すものとなっている。しかもその内容は、城持の有力武家の家督を象徴するアイテムと、城郭付属のアイテムの内容を具体的に知ることができる、貴重な文書である。ただしここでその内容に深入りすることはしない。

道雪はこの譲状の最後で、大友宗麟からうけた恩義は「千海万山」にもまさることを強調し、自身はすでに老いているので、やがては病死するであろうと述べ、家臣団ともども大友家への忠儀を忘れず、主君からうけた恩義を大事に考えることを求めている。これをみると

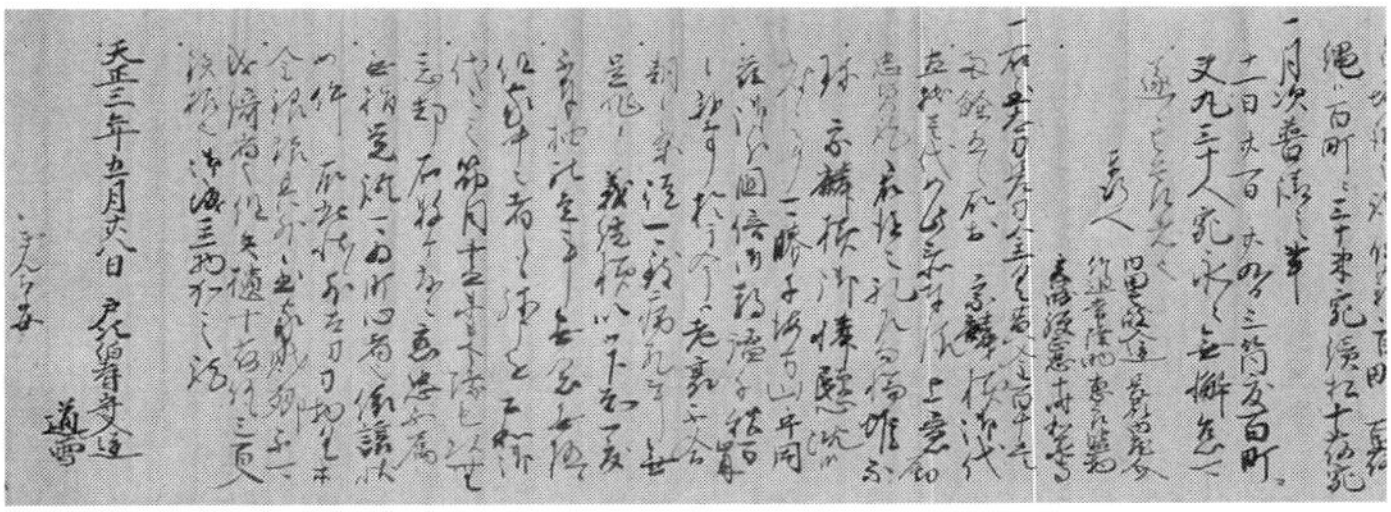

戸次道雪譲状写
（天正３年５月28日付／立花文書／所蔵：立花家史料館／寄託：柳川古文書館）

道雪は、誾千代に本気で家督を譲ろうとしていたことがうかがわれる。そして道雪はこのことを大友宗麟・義統父子から、「息女誾千代」への譲状の内容を承認し袖判（文書の袖に据えた、承認の意を示した証判《しょうばん》）を据えたことを伝えられ、親類・家中を指揮して立花城を守備することを命じられている（『立花文書』）。

これにより道雪の家督が、誾千代に譲られたことについては、宗麟・義統父子からも承認された。しかし誾千代はこの時、わずか七歳にすぎなかったから、実際に当主としての活動は無理であった。そのため道雪は、以後においても大友家の重臣として活動するのである。そして天正九年（一五八一）八月十八日に、同じ大友家の重臣で筑前高橋家を継承していた高橋紹運《しょううん》（実名は鎮種《しげたね》）の長男統虎（のち宗茂、一五六七～一六四二）を、誾千代の婿養子に迎え、道雪家の家督を継承させた。

統虎は、闇千代より二歳年長の永禄十年（一五六七）生まれで、この時は十五歳であった。こうして道雪家は、闇千代に代わって統虎が当主になった。闇千代が当主であったのは、天正三年から同九年まで、七歳から十三歳までであった。当然ながら、実質的な当主としての活動はみられなかった。そしてこの後は、当主統虎の正妻にして、その「家」妻として存在するものとなった。

なお道雪家に婿養子に入った統虎は、その年の十一月から発給文書を残しているが、その時の名字は、養父道雪と同じく戸次名字となっている。そして翌同十年十一月十八日に、大友家の承認を得て、立花名字の継承を認められたと考えられている。これにより統虎は、以後は立花名字を称するものとなった。ちなみに実名《じつみょう》については実に頻繁に改名していて、一般によく知られている宗茂は、慶長十五年（一六一〇）頃から使用されたものであった。

夫の統虎は、天正十五年の羽柴（豊臣）秀吉の九州仕置の結果、筑後国柳川《やながわ》領（福岡県柳川市など）一〇万石を与えられ、主家の大友家から独立した大名家に取り立てられた。当然ながら道雪から継承した城郭・所領をすべて引き渡してのことであった。これにより立花家は、統虎が婿養子に入って継承した道雪家ではなく、統虎が新たに興した存在へと性格が変わった。それにともない闇千代の立場も、家付き娘としてのものから、完全な嫁への立場に変わったことであろう。柳川入部後、闇千代は柳川城には居住せず、城下の宮永村に居館を構えて居住し、「宮永殿」と称された。すなわち統虎とは別居したのであった。統虎との間には子供は生まれなかったとみなされるので、あまり夫婦仲はよくなかったのかもしれない。

そして同十八年九月・十月頃に、統虎とともに大坂に上り、同地の屋敷に居住したことが知られている（『立花文書』）。慶長五年（一六〇〇）の関ヶ原合戦の際、夫の宗茂（当時は親成《ちかしげ》）は大坂方に味方し、敗戦により柳川城に帰還した。誾千代はそれまで大坂屋敷に居住していたが、宗茂は誾千代ら妻子を救出したうえで、柳川に帰還した（『浅野文書』）。しかし江戸方の肥前佐賀鍋島家・豊前中津黒田家から攻撃をうけ、十月二十五日に降伏、開城した。これにより立花家は滅亡し、宗茂も牢人となった。

誾千代は、肥後熊本加藤清正の庇護をうけ、玉名郡腹赤《はらか》村（熊本県長洲町）に居住し、同七年十月十七日に三十五歳で死去した。法名を光照院殿泉参良清大禅定尼といった。立花家を管轄した道雪家の当主として存在したのは、幼少期のことにすぎなかった。宗茂を婿に迎えてからは、家督は宗茂に継承された。その後はその「家」妻として存在したであろうが、具体的な動向はほとんど確認されないというのが実際のところである。

遠山景任後室

遠山景任後室は、尾張国勝幡《しょばた》城主・織田信貞の娘で、信秀（一五一一〜五二）の妹である。これは彼女がのちに「（織田）信長の姨母也」（『当代記』）、「弾正忠（信秀）いもおと、信長のためにおば」（『甲陽軍鑑』）と記されていることによる。織田信秀の嫡男が信長（一五三四〜八二）であり、その叔母ということから、信秀の妹と推定される。信秀の弟妹の生年は不明だが、父信貞の史料上の終見が大永六年（一五二六）なので、遠山景任後室は、少なくても信秀誕生の永正八年（一五一一）から、信貞終見の大永六年の間の生まれであったろう。なお名を「つや」とするのは、出典も明確ではないようなので、俗説であろう。

夫の遠山景任は、美濃国岩村領（岐阜県恵那市岩村町周辺）の国衆である。父の景前《かげさき》は弘治《こうじ》二年（一五五六）に死去しており、その後に家督を継承したとみなされる。景任と景任後室の結婚の時期も明確でないが、景任後室を兄信秀よりも五歳年少と仮定し、二十歳で結婚したと仮定すると、それは天文五年（一五三六）頃になる。そのため結婚は、兄信秀のもとで行われたとみなされる。さらに信秀が遠山家と関係するようになるのは、同九年に三河国安《あん》祥《じょう》城（愛知県安城市）攻略後とみなされているから、その後のことと推測される。そうであれば景任後室は、信秀よりも十歳ほど年少であったか、十五歳ほどでの結婚であったかと思われる。

岩村遠山家は、尾張織田・駿河今川・甲斐武田の政治勢力の境目に位置し、弘治元年には

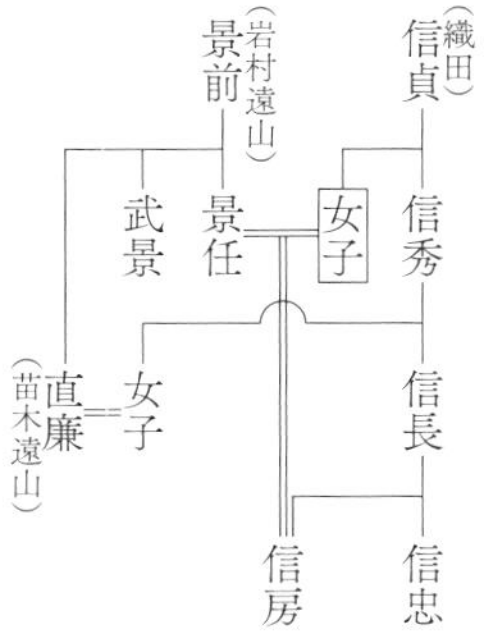

遠山景任後室関係系図

武田家の影響下に置かれ、のちには明確に従属関係を形成した。翌年に景前が死去し、景任が家督を継いだのち、永禄元年（一五五八）には、三河北部をめぐり今川方との対立を深めた。その際には、今川家と同盟関係にあった武田家から、その家老で信濃国下伊那郡司を務める秋山虎繁（実名を「信友」「晴近」とするのは江戸時代の創作）が援軍として派遣されている。その際に、織田信長は秋山虎繁と交信し、やがて同八年には織田家と武田家の同盟へと展開していく。そして同十年に、信長は美濃攻略を果たした。そのため遠山家は、武田家に従属すると同時に、織田家とも親密な関係を形成する状態になった。

元亀三年（一五七二）八月十四日に、夫の遠山景任が死去した。景任とその後室の間には子供がいなかったらしい。これにより遠山家では、景任後室が当主不在のため「おんな家長」として存在したと推測される。しかし十月三日に、武田信玄は信長の同盟者の遠江徳川家康への本格的侵攻を開始し、それにより武田家と織田家の同盟は崩壊した。信長は武田家領国との境目に位置する遠山家の確保を図り、十月十八日以前に、庶兄織田信広と重臣河尻秀隆を岩村領に派遣し、制圧した。その際に、信長四男御坊丸（信房）を養子に送り込んできた。

景任後室はそれを不本意ながら受け容れたとみなされる。

しかし遠山家中では武田方の勢力が強く、十一月十二日までに、遠山家は織田方軍勢を退散させて武田家に味方し、武田家に支援を求め、それをうけて武田家は軍勢を岩村城に派遣した。そして同月十四日に、武田家は岩村城に軍勢を在城させた。これらの判断は、おそらく景任後室によるとみてよいであろう。そして翌天正元年（一五七三）二月中旬に、家老秋山虎繁が城代として入城したと伝えられ、実際にも三月には在城が確認できる。そして二月下旬、武田家と織田家の取次を務めていた織田掃部助《かもんのすけ》（津田一安《かずやす》）が仲介して、景任後室と秋山虎繁は結婚したとされる。そのうえで信長実子の御坊丸は武田家の本拠・甲斐国甲府に送還された（『甲陽軍鑑』）。

景任後室と秋山虎繁の結婚について、事実かは検証できない。年齢も五十歳を超えていたと推測されるので、むしろ名目的な結婚は行われたのかもしれない。ただいずれにしても、岩村城に武田家の軍勢が在城したものの、遠山家自体は存続したから、景任後室が当主不在のため、その「おんな家長」として存在したとみることができよう。しかしその後、織田家による攻勢が強められ、同三年十一月十日に織田軍により攻略された。降参した秋山虎繁は、二十一日に織田家本拠の美濃国岐阜（岐阜県岐阜市）に送還され、長良河原で磔刑《たっけい》に処された。

景任後室については、『信長公記《しんちょうこうき》』に記述はないが、『当代記』には、「近年の鬱憤を晴らすため、岐阜に引き連れられ、信長自ら切った」と記され、『甲陽軍鑑』には、場所の記載はないが、信長が処刑したことが記されている。また『三河物語』には、尾張国小牧山（愛知県小牧市）で、信長に手討ちされた、と記されている。いずれにしろ、信長自らにより処刑されたことは確かとみなされる。年齢は明確ではないが、五十歳台後半であったと推測される。

飯尾連竜後室

飯尾連竜後室については、現在ではいわゆる「女城主」の一人として取り上げられることがあるが、残念ながら当時もしくはそれに近い時期に成立した史料には、全くみられておらず、そのため現段階では、伝説上の人物とせざるをえない。さらにはその名を「お田鶴《たづ》」や「椿姫」とすることや、出自を三河国衆の鵜殿長持《うどのながもち》の娘、あるいは今川家重臣大原資良《すけよし》の娘とすることもみられているが、いずれについても俗説となる。今後、それらの伝承がどのような経緯で形成されたのか、検討していくことも必要であるが、本書はその役割にはないので、ここで行うことはしない。

そうしたなかで信用できそうな所伝が、十七世紀後半の成立とみられている『浜松御在城記』にみえる。それは、飯尾連竜は、今川家重臣の遠江国二俣城主「松井左衛門」（松井宗恒《むねつね》）の「姉婿」とする所伝である。松井宗恒は宗信の子であるから、これによれば連竜後室は、松井宗信の娘であったことになる。のちに飯尾連竜が今川家から離叛した際に、松井宗恒も同調していることからすると、その可能性は高いと思われる。

夫の飯尾連竜は、遠江国曳馬《ひくま》（のち浜松）領（静岡県浜松市）を支配する国衆的な領主で、駿河今川家の重臣として存在した。永禄六年（一五六三）三月十七日付の発給文書で、「飯尾豊前守《ぶぜんのかみ》連竜」と署名していて、これが史料での初見になる（『寿量院文書』）。なお連竜は、「飯尾豊前守」前代の乗連《のりつら》の嫡男とみられてきたが、乗連の家督を継いだ人物として、その嫡男とみなされる元連《もとつら》の存在が確認されているため、連竜は乗連の庶子か元連の子の可能性が想定される。初見の時点で飯尾家歴代当主が称す豊前守を称していることからすると、元連と同世代の可能性が高い。その場合は、乗連の庶子で、元連の早世などによりその家督を継承した可能性が高いと思われる。

連竜は、永禄六年十二月に今川家から離叛した。これは今川家からは「逆心」と認識され、その討伐をうけた。連竜は三河松平元康（のち徳川家康）に支援を求めたが果たせず、同七年十月に今川家に降伏、赦免をうけた。しかし同八年十二月に再び松平家康に通じたとして、同月二十日に今川氏真《うじざね》によって成敗されたという（『武家事紀』『浜松御在城記』など）。『浜松御在城記』では、連竜は駿府城二の丸に所在した飯尾屋敷に襲撃をうけ、殺害されたと記している。

連竜後室の動向が記されるのは、この時のことで、最も成立が早いとみなされるのは、十七世紀後半成立の『武家事紀』になる。そこでは十二月二十日の連竜処刑ののち、「飯尾の妻女はこの城（曳馬城）に立て籠もり、飯尾家には今川家に別心の無いことを駿府に訴える一方で、家臣江間安芸守《あきのかみ》・同加賀守を家康のもとに派遣した」（巻三八）、「浜松（曳馬）城には家臣江間安芸守・同加賀守および飯尾後室があって、浜松を守った」（巻一六）と記されている。ここでは連竜後室が、当主不在の飯尾家を主導し、曳馬城を維持したように記されている。しかし連竜の滅亡後に、曳馬城が反今川方として存在したとは想定できず、飯尾家・曳馬城ともに、その後の今川家領国下でその存在は確認されていない。そのため飯尾家は、連竜処刑によって滅亡したと考えられ、それにともない曳馬城も廃城となったとみるのが妥当である。

なお『武家事紀』では、その後も連竜後室により曳馬城は維持されたという前提のうえで、同十一年十二月十八日以降の時期に、遠江に侵攻した徳川家康から攻撃をうけて落城し、その際に連竜後室は、侍女十八人とともに抗戦し、討死したと記されている。連竜後室の動向については、これら二回について記されている。しかし永禄十一年の徳川家による遠江侵攻に際して、曳馬城の存在は確認されないので、この時に連竜後室による抵抗は想定できない。これに関して『浜松御在城記』でも、十二月二十四日に徳川軍が曳馬城を攻撃し、翌二十五日に攻略し、その際に連竜後室が侍女十八人とともに討死したと記している。ただしそこでは、これは「板倉殿書」によるものだが、それは「時代違い」と考証している。

そもそも連竜後室は、それまで反今川、親徳川の立場で記されていたはずであるが、それがここでは徳川家と交戦したというのは明らかな矛盾である。すでに飯尾家・曳馬城ともに存続していなかったとみなされることからすると、ここで伝えられる連竜後室の行為は、むしろ永禄八年における飯尾家滅亡に際しての所伝とみるのが妥当であろう。その場合には、連竜の処刑ののちの十二月二十四日から、今川家による曳馬城攻撃があり、二十五日に連竜後室は抗戦して討死した、とみなされる。

しかしいずれについても、十七世紀後半になって確認される所伝にすぎない。ただし全く根拠のない創作とも思えないので、何か典拠があったのかもしれない。とりわけ連竜後室の戦死を記しているという「板倉殿書」の存在が注目される。今後においてそれらが発見されることを期待したい。

第七章　最後の「おんな家長」　浅井茶々（羽柴秀吉後室）

浅井茶々の立場

浅井茶々は、一般には「淀殿」の名で呼ばれることが多いが、それは江戸時代前期に生まれた呼称である。茶々が山城国淀城（京都府京都市）に在城していた時の呼称は、「淀の女房」「淀の上様（うえさま）」などであり、「淀」を冠して呼ばれたことはあったものの、それはその時期だけのものであった。その後に大坂城二の丸（大阪府大阪市）に居住した時は「二の丸様」、伏見城西の丸（京都府京都市）に居住した時は「西の丸様」と呼ばれた。したがって茶々を「淀殿」と呼ぶのは適切ではなく、本名の浅井茶々の名で呼ぶのが適切である。

茶々は、永禄十二年（一五六九）に、近江国北部の戦国大名・浅井長政（一五四五～七三）の長女として生まれた。母は、尾張国末盛城主の織田信秀（一五一一～五二）の娘で、その嫡男信長（一五三四～八二）の妹にあたる市である。市の生年は不明であるが、茶々を二十歳で産んだと仮定すると、およそ天文《てんぶん》十九年（一五五〇）頃と推定される。父信秀の最晩年に生まれた子であったと思われる。浅井長政と織田市の結婚の時期も判明していないが、茶々が永禄十二年に生まれていることから考えて、織田信長が美濃経略を果たし、浅井家と領国が接するようになった同十年のこととみるのが妥当であろう。

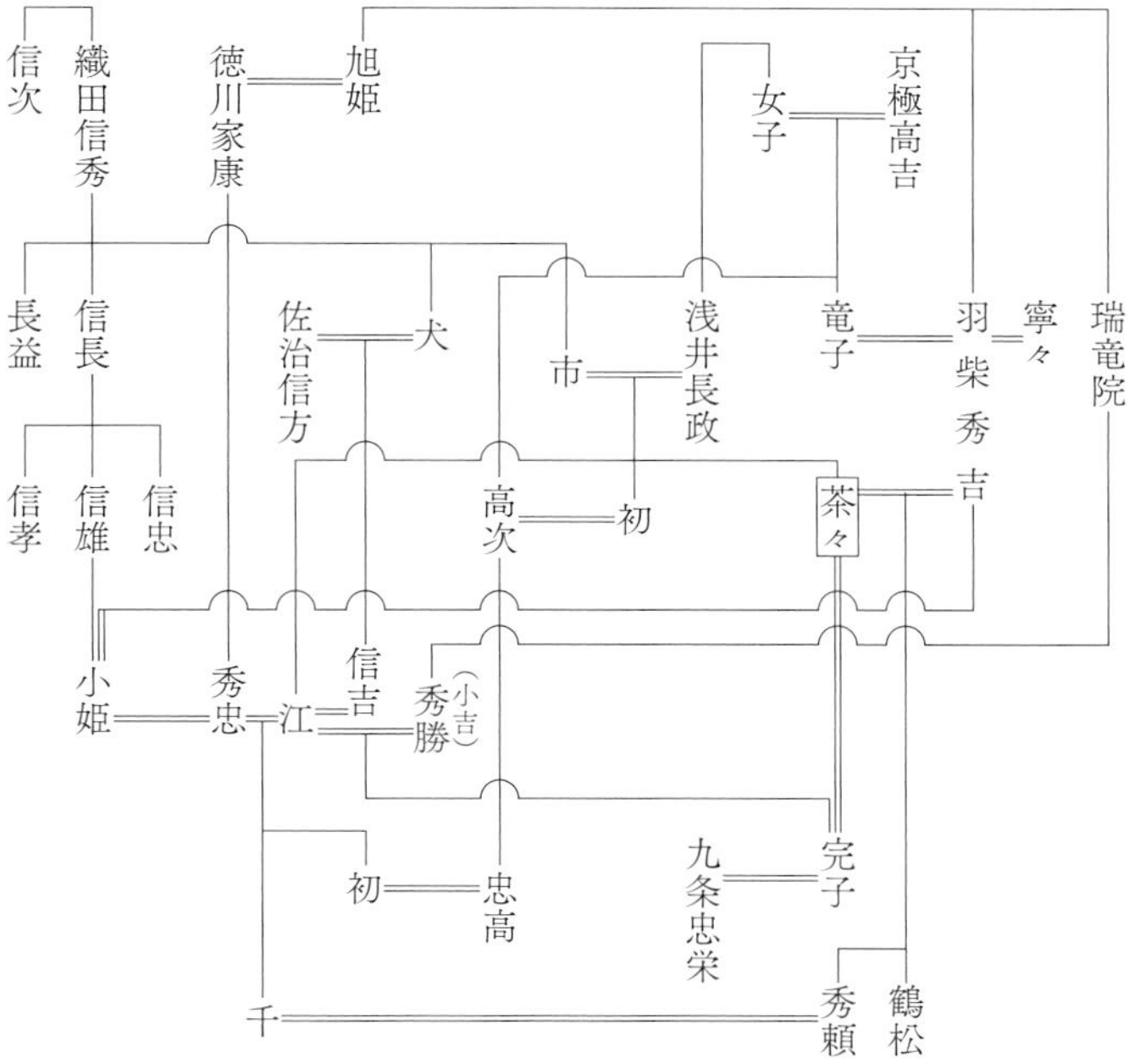
信次
織田信秀
徳川家康
旭姫
女子
京極高吉
長益
信長
佐治信方
犬
市
浅井長政
竜子
羽柴秀吉
寧々
瑞竜院
信孝
信雄
信忠
高次
初
茶々
小姫
秀忠
江
信吉
秀勝
（小吉）
九条忠栄
完子
初
忠高
千
秀頼
鶴松

浅井茶々関係系図

天正《てんしょう》元年（一五七三）に浅井家は信長によって滅亡した。これにより茶々は、早くも父と実家を失うことになった。茶々は母市と妹二人とともに、母の実家の織田家に引き取られ、信秀弟で市には叔父にあたる、尾張国守山城主の織田信次に庇護されたとみなされる。しかしその信次が翌同二年に戦死したため、当主の信長に引き取られ、その本拠の美濃国岐阜城（岐阜県岐阜市）に居住した。同年に、信長は戦国大名織田家の家督を嫡男信忠（一五五七〜八二）に譲り、同城を出た後も市と三人の娘は、新たな織田家当主の信忠の庇護をうけて、引き続いて岐阜城に居住したとみなされる。

同十年の京都本能寺の変で信長・信忠がともに戦死すると、岐阜城は信長三男の信孝（一五五八〜八三）の本拠とされた。市はその信孝の斡旋により、織田家家老の柴田勝家（生年不明〜一五八三）と再婚し、茶々ら娘ともども勝家の本拠・越前国北庄《きたのしょう》城（福井県福井市）に居住した。しかし織田家内部の権力闘争の結果、翌同十一年に柴田勝家は織田家家老・羽柴（豊臣）秀吉（一五三七〜九八）により滅亡した。母の市も勝家と運命をともにした。これにより茶々は、母までも失うことになった。北庄城落城に際し、茶々ら姉妹は母市の斡旋により秀吉に託された。なおその際に、市は茶々らを秀吉に引き渡すため、初めて城の「三の間」まで出てきて、その姿をみたものが「御年頃よりも御若く、二十二、三にもみえた」（『渓心院文』）と評している。市はこの時、三十四歳くらいと推測されるから、十歳以上若くみえた、ということであろう。おそらくこれが、後世に市が「美女」と評される根源ではなかったかと思われる。

こうして茶々は、わずか十五歳で、しかも年少の妹二人を連れて、両親ともになく、すでに実家を失う状態となった。そのため茶々ら姉妹は、市の要請を受け容れた羽柴秀吉の庇護をうけるほかない状況になった。茶々は秀吉に引き取られるとすぐに、秀吉から妻の一人に迎えたいと申し入れられた。それについて茶々は、まだ十五歳にすぎなかったが、年少の妹二人の結婚を取り成してもらい、それが済んだらということを条件に、秀吉の申し入れを承諾した。この茶々の判断については、「知恵が回った人」と評されている（『渓心院文』）。そして実際にも、長妹の初（本名は「な（あるいは「なべ」などか）」とされる、常高院）は、天正十二年に京極高次と結婚し、次妹の「ごう」（崇源院殿）は同十三年に羽柴秀勝（秀吉の甥《おい》）と結婚したと推定され、そのうえで同十四年に、茶々は秀吉の妻の一人になっていたことが確認される。

ちなみに茶々と秀吉の関係について、一般には、茶々は秀吉の「側室」と認識されているが、これは誤りである。茶々は、秀吉の複数いた妻の一人という立場であった。そのため茶々は、「御上様」「北の方」「北政所」「御台様」「簾中《れんちゅう》」と呼ばれることもあった。このうち「北政所」といえば、秀吉正妻の高台院木下寧々（生年不明〜一六二四）の呼称ではないかと思うかもしれないが、その呼称は公卿《くぎょう》（三位以上の位階を有する存在）の妻についての呼称であって、厳密には寧々に限定されない。そのため茶々もその呼称で呼ばれることがあったのである。また「御台様」は将軍家の正妻の呼称と思いがちだが、これも本来は公卿の妻についての呼称であり、将軍家に限定されない。

このように茶々は、秀吉の複数いた妻の一人であった。ただしそれらのなかで、正妻として筆頭に位置したのは、木下寧々であった。そのため秀吉生前において、羽柴（豊臣）家の「家」妻の地位にあったのは、この寧々であった。そして茶々は、天正十七年に長男鶴松（同十九年死去）を、文禄二年（一五九三）に次男秀頼を産み、いずれも秀吉の嫡男に位置付けられた。そのため茶々は、羽柴家嫡男の生母ということで、「御袋様」と称され、さらに秀吉の妻のなかでの序列も、「家」妻の寧々に次ぐ地位に位置したのであった。ちなみに羽柴家の呼称について、一般には秀吉が平姓・藤原姓から豊臣姓に改姓した後については、豊臣姓で記されるが、ここではその後についても、武家の慣例に沿って名字で呼称するのが適切と考えるので、羽柴名字で表現する。

羽柴家の「おんな家長」になる

慶長三年（一五九八）に秀吉が死去すると、翌同四年正月に、嫡男の秀頼が家督を継ぐとともに、秀吉後室《こうしつ》となった寧々・茶々らとともに大坂城を本拠とした。秀頼はこの時、わずか六歳であったから、その政務を代行する組織が「五大老・五奉行」であった。また秀頼が居住した本丸には茶々も入り、対して寧々は西の丸に居住した。そしてここから寧々と茶々は、「両御台様」と称された。ただしそこでの「家」妻の立場がどうであったのかは、まだ明確な検討は行われていないようである。実際のところも、寧々と茶々それぞれの行動をみると、ともに「家」妻の立場で行動をとっているように思われる。今後、この時期における寧々と茶々の関係について、「家」妻という観点から明らかにすることが必要と思われる。

そして同年九月、寧々は大坂城西の丸を退去して、京都における羽柴家の居館である京都新城に移住した。一般には、これにより寧々は隠居したと認識されることが多いが、誤りである。以後における寧々は、朝廷・公家・寺社への対応を分担したとみなされている。しかし羽柴家本拠の大坂城を退出したことの意義は大きいといえ、これにより「家」妻の立場は、寧々から茶々に交替されたとみなされる。こうして茶々は、当主秀頼の生母、秀吉後室の一人という立場だけでなく、羽柴家の「家」妻の立場になったとみなされる。けれども茶々は、この時、ようやく三十一歳になったにすぎなかった。

同五年の関ヶ原合戦までは、まがりなりにも羽柴家の政務体制としての「五大老・五奉行」

が存在していたといえるが、戦後にそれは解体し、五大老筆頭であった徳川家康の政務体制が成立した。そして同六年三月、徳川家康・同秀忠父子は、戦後から在城していた大坂城西の丸・二の丸を退去し、伏見城に移って、同城を政権本拠とした。それにともなって、政権と羽柴家の家政は分離され、羽柴家は摂津・河内・和泉六五万石の領国を中心にした、事実上の一大名の立場に置かれた。しかも当主秀頼は、まだ年少にすぎなかったため、茶々が「おんな家長」として、政務を代行する立場になった。

　当主秀頼は、まだ政権執政の徳川家康が大坂城に在城していた慶長六年三月二日付で、伊勢国慶光院に、伊勢宇治橋架橋を約束する自筆書状を出している（『慶光院文書』）。これが秀頼の発給文書として、最初に確認されるものになる。この件は、秀頼から家康に申し入れて、家康から了解を得ている。こうしたところに政権主宰者が家康であったこと、秀頼の行為であってもその了解が必要であったことがわかる。それはともかくとしても、秀頼はまだ九歳であったから、実質的な判断は茶々が行っていた。実際、この件に関して、茶々の乳母で家老の大蔵卿局《おおくらきょうのつぼね》から慶光院に事の次第を報せる書状が出されていて、この件を実質的に差配したのは、茶々であったことがわかる。

　ところがその工事は三年もかかってしまっていた。そのため茶々は、同九年七月に慶光院に自筆消息を出して（『慶光院文書』）、茶々は本腰を入れて、家老の片桐且元《かつもと》（一五五六〜一六

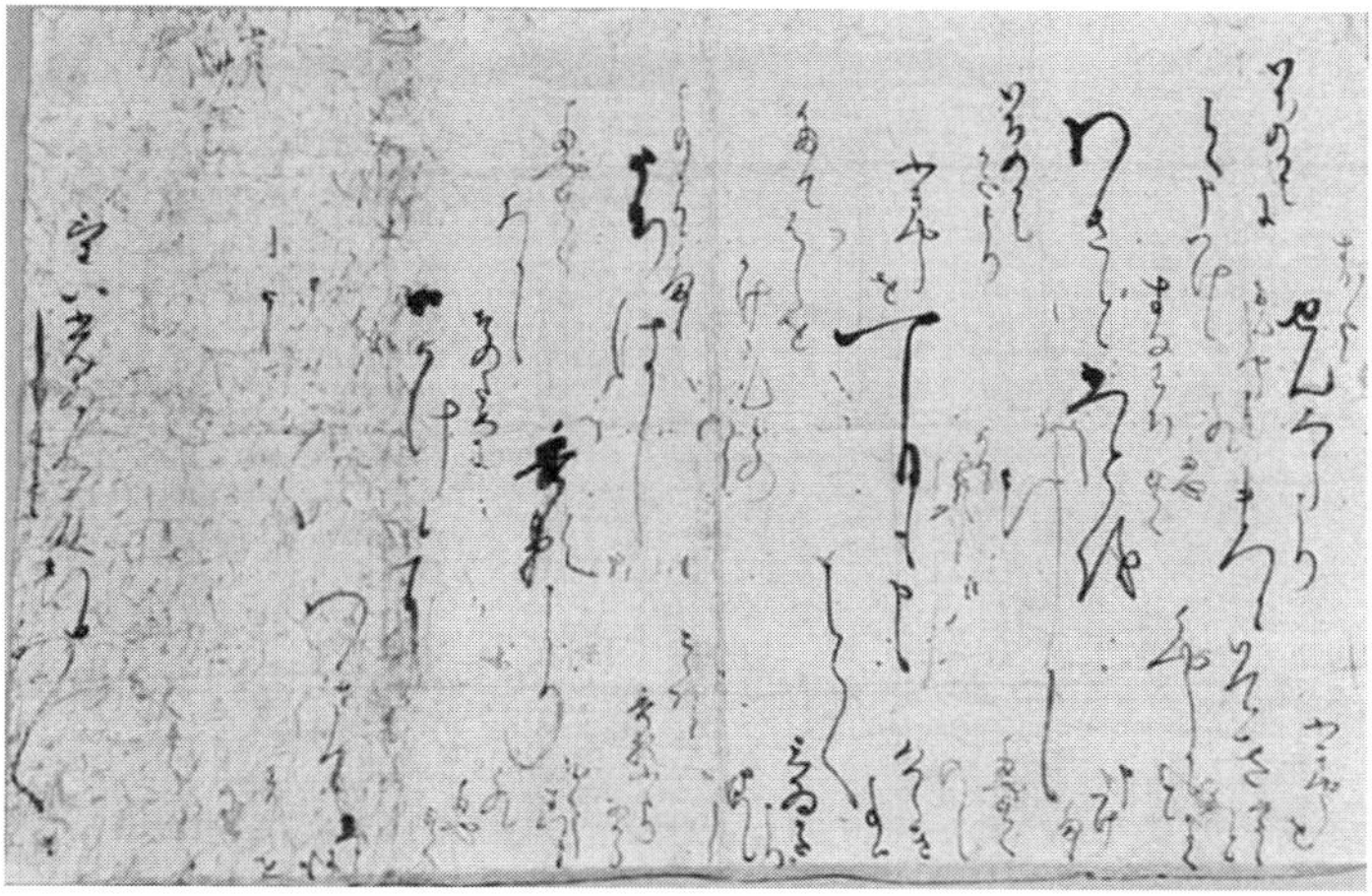

淀殿消息（7月26日付／慶光院文書／所蔵：神宮徴古館）

一五）に執行を命じたことを伝えていて、これでようやく工事は完成するのであった。慶光院ではそれを「秀頼公御母儀御執行」として、明確に茶々の行為と認識した。また同年か同七年と推定されている、慶光院に出した自筆書状では、伊勢内宮《ないくう》客殿などの造営について、片桐且元に作事奉行の任命について命令を出したことを伝えている（『慶光院文書』）。

あるいは同七年と推定される二月頃に、茶々は片桐且元に宛てて二通の消息を出している（『集古文書』）。そこでは、且元の知行増加を徳川家康に申し入れていたことが知られ、また且元には、家康との関係の修復の取り成しを依頼している。家康との外交関係には、茶々があたっていたことがわかる。その取次にあたらせていたのが、家老片桐且元であった。茶々はその際に、且元に秀頼の「親代わり」になることを要請し、また自分には「親も無く、（親から付された）相談できる家臣もいない」ため、且元を何よりも頼りにしていることを訴えている。

ここに茶々が、名目的には当主として秀頼が存在していたものの、まだ年少のため、実質的に羽柴家の家政を執り仕切っていたこと、しかしその任務は、茶々には荷重であった様子がうかがわれる。茶々には、両親はなく、両親から付属された家臣もいなかった。しかもこれまで茶々には、家政を執り仕切るという経験はなかった。ところが茶々は、羽柴家の「家」妻となり、さらに当主秀頼が年少のため、それに代わって羽柴家の家政を執り仕切る立場に、否応なく位置するものとなっていた。そのためか茶々は、慶長六年六月と同八年五月に、二度にわたって鬱病になったらしく、治療をうけているのである。

秀頼はその後、十四歳になった慶長十一年から、印文「豊臣秀頼」黒印を押捺《おうなつ》した黒印書状を発給するようになっている。しかしやはりまだ年少のため、実質的な政務は茶々が担った。翌同十二年二月、山城国下醍醐寺《しもだいごじ》の伽藍再興について、「秀頼は若年のため、そのような決定はできず、徳川家康（「大御所様」）と茶々（「御袋御方」）が命令を出した」（『義演准后日記』）と記されているように、実際の判断は茶々が行っていた。同年五月に上醍醐寺三堂の本尊造立について決定したのも、茶々（「御上様」）であった（同前）。そして同十三年正月、十六歳になった秀頼は、ようやく「成人」した。また秀頼の発給文書は、同十六年までは挨拶関係にすぎなかったが、同十七年からは家臣への知行充行《あてがい》状を出すようになっている。こうしたところから、成人後の秀頼が、名実ともに羽柴家当主として活動するようになったことがわかる。それにともない茶々は、「おんな家長」の役割から退いて、「家」妻の立場に戻ったとみなされる。

片桐且元の追放

羽柴家の滅亡をもたらした大坂の陣の契機となったのは、慶長十九年（一六一四）十月一日に、秀頼・茶々が家老の片桐且元を大坂城からの退去に追い込んだことにあった。その前提には、羽柴家と江戸幕府（徳川政権）との関係をどのようなかたちにするかで、羽柴家の家中のなかで路線対立があり、最終的に秀頼と茶々は、且元を主人敵対の罪によって処罰することを決し、そのため且元は自身とその家中の保身のため、大坂城から退去するのであった。羽柴家の家老は、この且元一人だけであった。秀頼・茶々はその且元を追い出すことになってしまったのである。

秀頼・茶々と且元との政治対立の始まりは、それより十二日前の九月十八日、京都方広寺鐘銘問題の交渉のため「大御所」徳川家康の本拠・駿府（静岡県静岡市）に赴いていた片桐且元が、大坂城に帰還し、秀頼・茶々に徳川家との関係修復のための三ヶ条の条件を提示したことに始まる。秀頼と茶々はすぐに、それらの条件すべてについて承知できない意向を示し、さらにそのような条件を提示してきた且元を、徳川家に寝返ったのではないかと疑った。これをうけて茶々の乳母子《めのとご》で秀頼側近家臣の筆頭に位置した大野治長ら、秀頼近習の有力者は、且元は徳川家に寝返った逆臣として、その殺害を謀るとともに、徳川家との武力対決の準備を開始した。もっともこれは、秀頼・茶々の関知しないなかでのことであった。

　且元は、二十三日に秀頼・茶々に出仕する予定であったが、城内では且元殺害の準備がすすめられていた。且元はこの情報を得ると、病気と称して出仕を見合わせた。これを不審に思った秀頼・茶々は、二十三日から二十五日にかけて、且元が居住する城内二の丸の上屋敷に、それぞれ侍女や近習を派遣して、その理由を尋ねた。秀頼から派遣されたのは、且元の寄子《よりこ》でもあった今木《こんぼく》一政で、彼は浅井家一族の出身であった。且元からは「秀頼に成敗されるから」という理由を聞いた。且元家臣と事態への対応を協議し、且元から秀頼に人質を出す段取りをつけて、本丸に戻った。その報告を秀頼にすると、秀頼は「天に誓って俺は知らない」といい、今木に対処を相談した結果、且元に信頼している旨の書状を出すことになった。

そして茶々は、秀頼が且元に書状を出すことになったことをうけて、城内の表空間と奥空間の間の廊下に出ていき、秀頼も今木に相談しながら、その廊下で且元への書状を書いた（『浅井一政自記』）。それと同時に、茶々も且元に宛てて消息を書くのであり、さらにはそれだけでなく起請文《きしょうもん》まで書いている。書状・消息は、且元のこれまでの奉公を認め、今後においても頼りにしている意向を記したもので、すなわちその身上を保証するものであった。起請文は、そうした内容をあらためて神に誓約するかたちをとったもので、牛王宝印《ごおうほういん》の用紙を使用して書いている（『集古文書』）。ここで茶々が、且元の身上を保証する起請文を書いているということは、秀頼の書状だけでは、羽柴家の総意を示すものにはならず、茶々の意向を保証するものが必要であったためと考えられる。それはすなわち、羽柴家の意向は、この時点にあっても、本質的には茶々によって示されていたのであった。

ちなみに起請文・消息を書き終えた茶々は、奥に戻った。秀頼は且元からの返事を待って、そのまま廊下にとどまっていたところ、茶々から使いが寄越されて、奥に戻ることをすすめられた。これをみて今木は秀頼に、「このようなことは女房衆が考えることではない」と苦言を呈している。これは茶々とその家臣が、政務に口出ししていることを快くは思っていなかったことを示すものであろう。今木のような秀頼直臣《じきしん》衆には、茶々が羽柴家の政務にあたっていることを、苦々しく思う感情が生まれるようになっていたことがうかがわれる。

茶々の起請文・消息と秀頼の書状は、且元に届けられた。その時には、且元は城外の下屋敷に滞在させていた家臣を、武装させて上屋敷に入れており、対して且元屋敷に近隣する織田有楽《うらく》（実名《じつみょう》は長益、信長の弟、茶々の伯父）屋敷にも、武装家臣が集結するようになっていた。織田有楽は秀頼親類衆の筆頭で、その子頼長は、大野治長と並んで且元排斥派の筆頭であった。且元と反且元派の間には、極度の軍事的緊張が生まれていた。且元からは、秀頼に対して全く疎略に思うことはない旨の返事があった。秀頼はそれをうけて、二十五日の夜になっていたが、すぐに直臣を使者にしてあらためて書状を送ることにし、今木と且元家臣は、羽柴家直轄軍団の七手組の組頭の一人、速水守久に決めた。これをうけて茶々は、速水と今木を廊下に呼び出し、秀頼の二通目の書状の内容をよく理解させて、且元のもとに派遣した。

且元からは、あらためて秀頼に二心のない旨が示され、速水・今木は本丸に帰着すると、秀頼に報告するが、その際にその両脇に、茶々の家臣の大蔵卿局と正栄尼《しょうえいに》が座し、茶々自身も、表と奥の間に菊の屏風を立てて報告を聞いている。さらには今木に詳細な報告をさせている。そして且元からその家臣が使者として派遣されてきて、今木に且元からの要望が伝えられた。今木はそれを秀頼に報告しようと、使いを通じて奥に申上したところ、それへの返事は茶々が示した。秀頼には報告内容は知らされなかったらしく、そのうえで茶々は、先に且元から軍勢を引き上げさせ、それをうけて織田から軍勢を引き上げさせる、という指示を出した。ここからも茶々が、この問題に関して、対処を主導する存在であったことがわかる。ただここでの茶々の判断は、それを聞いた速水が「それでは解決できない」と言って頭を掻いた、というから、秀頼直臣からは問題のある命令とうけとめられたことがわかる（『浅井一政自記』）。このあたりは茶々の政治経験の浅さのなせる術なのであろう。茶々は、親類衆の織田家のほうを重んじ、家老の且元とは対等に扱わなかったのであろう。

　しかし二十六日になっても、且元と反且元派の武装解除は行われず、また且元の秀頼への出仕も行われなかった。そのため七手組の組頭たちが仲裁に入り、双方から七手組に人質を出させることで、軍勢を引き上げさせた。それをうけて二十七日、茶々は且元への処分を決定した。その内容は、屋敷に軍勢を入れたことは主人敵対行為であり、これまで身上を保証するといってきたがそれは実現できない、且元は出家して高野山に隠遁《いんとん》し、家督を嫡男元包《もとかね》に譲り、城内五ヶ所の城門の番を引き渡させる、というものであった（『譜牒余録』）。これはすなわち、且元を隠遁させ、家老の職務を解任するというものといえる。茶々は、且元の反抗的態度を決して容認することはできなかったのであろう。しかしその一方で、且元の生命を保証し、また片桐家の存続を保証している。これは茶々なりの、穏便な解決方法であったとみなされる。

且元はこの茶々の処分をうけて、それに承服する姿勢を示し、九月二十七日に城内の上屋敷を退去し、城外の下屋敷に移った。そして二十九日まで羽柴家家政の残務を処理し、翌十月一日に、家臣すべてをともなって大坂から退去した。これら大坂城での騒動は、二十三日以降、逐一、徳川家康のもとに連絡されていて、二十五日の状況が家康のもとに到着したのがそれと同じ十月一日のことであった。家康はその内容をうけて、その日に大坂城攻撃の命令を諸大名に発令した。且元は徳川家への取次であったから、その殺害を謀ることは、徳川家との絶交を示すとの判断であった。こうして大坂の陣は開戦されるのであった。

　大坂の陣においても、茶々の羽柴家の事実上の家長としての存在感がいくつか示されている。江戸方の軍勢として安芸《あき》・備後国主の福島正則の嫡男忠清の軍勢が着陣すると、秀頼・茶々は味方になることを要請する書状を出している。それをうけて福島忠清は十一月三十日付で秀頼と茶々に返書を出した（『大坪文書』）。なかでも茶々にだけ、秀頼を説得するのが重要であることを伝えている。また十二月十五日、徳川方との和睦交渉がすすめられていたなか、徳川方では、「城中のことはすべて『秀頼御母（茶々）』の命令によっている」（『駿府記』）

と認識している。戦陣のなかでも、秀頼の意向よりも茶々の意向が重視されていたことがわかる。

ちなみにそこでは、「女性のため、万事について急がないため、返事が遅れている」と評されている。ここには当時における、「女性はのんびりしている」というレッテルの存在を知ることができるが、実際にも茶々は、「のんびり屋」であったようである。先に触れた慶長七年に推定される二月に且元に出した消息でも、前年から書状を出そうと思っていたが、遅くなってしまった旨が書かれていた。とはいえこのことが、茶々の生来の個性であったのか、政治経験が浅いがゆえの慎重さによるものだったのか、どのように判断したらよいのかはわからない。しかし先にみた今木一政の発言を踏まえると、この慶長年間終わりの時期には、女性は政治・軍事には向かないとする風潮が顕著にみられ出していたように思われる。

大坂の陣は、十二月二十日に一旦の和睦が成立し、同月二十二日に秀頼と家康の間で起請文が交換された。しかし翌同二十年（元和元年・一六一五）四月に、大坂城が軍備をすすめていることを理由に、家康は再び大坂城攻撃を諸大名に命令する。その際、織田有楽が家康・秀忠に使者を送っていて、秀頼の近習・外様衆（いわゆる牢人衆）が軍備をすすめている状況に対して、それでは徳川家から理解を得られない旨を何度も諫言《かんげん》したが、秀頼・茶々、さらに近臣にいたるまで納得しないので、有楽は子の長孝とともに大坂を退去した、というものであった（『元寛日記』）。やはりここにも、羽柴家の意志決定に、茶々が深く関与していたことがみてとれよう。そうして大坂の陣は再開された。

ただし秀頼と茶々は、その直前に家康への弁明に努めて、三月十三日には双方から使者を送っている。茶々からの使者は、妹の常高院（初、京極高次後室）、家老の二位局《にいのつぼね》・大蔵卿局・正栄尼であった。四月五日には大野治長の使者を家康のもとに送っている。常高院らは二十四日に、和睦のための条件三ヶ条を携えて、大坂城に戻ってくるが、それへの返答する間もなく、二十六日に大坂方の軍勢は軍事行動を開始してしまうのであった。そして五月七日、大坂方は決定的に敗北し、大坂城も炎上した。茶々と秀頼は、本丸を脱出して、天守下にある山里郭《やまざとぐるわ》のなかの糒蔵《ほしいぐら》に避難したという。

茶々・秀頼の自害にいたる過程については、いくつかの史料に記されているものの、完全には一致していない。そのなかで長門国長府領の毛利秀元の書状によれば、八日朝に片桐且元が発見し、徳川方に連絡し、徳川家重臣の井伊直孝らが検使として派遣され、切腹が命じられた。大野治長は茶々・秀頼の助命を嘆願し、家康は秀忠の判断に従うこととしたが、秀忠は、謀叛は一度のことではないので切腹を命じたという（『萩藩閥閲録』）。いずれにしても茶々・秀頼とそれに付き従っていた人々は、自害し、糒蔵に内から火をかけて焼亡したという。これにより秀吉によって興された羽柴家は、その死後からわずか十七年後に滅亡したのであった。茶々は四十七歳、秀頼は二十三歳であった。

浅井茶々の歴史的性格

茶々は、秀吉の正妻の一人ではあったが、「奥」を執り仕切るなどの役割を担った「家」妻ではなかった。慶長四年（一五九九）九月、秀吉後室筆頭の木下寧々が、大坂城を退去して京都新城に移ったことにより、茶々は初めて羽柴家の「家」妻となった。政務は「五大老・五奉行」、やがて執政徳川家康が担っていたため、そこでの役割は狭義の家政ですんでいた。ところが同六年三月に、政権担当の徳川家康が大坂城から退去し、政権と羽柴家の家政が分離されたことで、羽柴家は事実上の一個の大名家になった。しかも当主の秀頼はまだ年少であったため、茶々は「おんな家長」として、羽柴家の政務全般を担わざるをえなくなった。

茶々の「おんな家長」としての動向については、それほど確認できているわけではない。それでも慶長六年から同九年にかけての伊勢宇治橋架橋、同六年か同七年の伊勢内宮修造、同十二年の上下醍醐寺の修造など、名目的には当主秀頼による事業とされていたものが、実際には茶々の決定・命令によって行われていたことが確認されている。同十三年正月に、秀頼は「成人」し、以後は羽柴家の政務を執るようになったとみなされる。これにより茶々は、

「おんな家長」の役割から退き、「家」妻の立場に戻った。

羽柴家の家老には、片桐且元だけが存在し、茶々も秀頼も、且元に家政を執行させるかたちをとっていた。ところが同十九年九月、方広寺鐘銘問題をめぐる徳川家との政治交渉において、茶々・秀頼は且元と政治対立を生じさせてしまった。茶々は、且元への対処について、秀頼に任せるのではなく、自ら判断、決定を行うものとなった。秀頼の意向は羽柴家の総意を示すものにはなっておらず、実質的な家長は、依然として茶々が担っていたことがうかがわれる。しかも政務を担ってきた家老が不在となったため、茶々が何事についても最終判断をせざるをえなくなっていた、といえよう。

その状況は、その後の大坂の陣でも引き続いてみられた。十一月から十二月にかけての、徳川家との和睦交渉、翌同二十年（元和元年・一六一五）三月から四月にかけての、同じく徳川家との和睦交渉において、実質的な判断、決定は茶々が担うものになっていたし、それは外部からもそのように認識されていた。当主秀頼が存在していたとしても、その上位に、茶々が存在していたのであった。ここでの茶々は、いわば隠居した前当主の立場に相当するものといえ、この時期の羽柴家の家政は、茶々と現当主による両頭政治として展開されたものと認識できる。

結果として茶々は、慶長六年から同二十年（元和元年）まで、足かけ十五年におよんで羽柴家の「おんな家長」の立場に位置したのであった。当初の茶々は、それまでの政治経験の無さにより、徳川家との政治交渉に苦悩し、そのためか二度におよんで鬱病にも罹《かか》るほどであった。しかしそれから十年以上を経過して、茶々は修練を重ねたことによるのであろう、事実上の家長として十分な振る舞いをみせるようになっていたといえる。このような茶々の存在は、羽柴家のような大名家のレベルでみられた、「おんな家長」の事例として、最後のものになっている。この後、江戸幕府による大名家統制が安定化していくなかで、このような「おんな家長」の存在はみられなくなった。茶々こそは、まさに最後の「おんな家長」であった。

伝淀殿画像（所蔵：奈良県立美術館）

終章　「おんな家長」が活躍した時代

「おんな家長」登場の背景

　ここまで、戦国時代の戦国大名・国衆《くにしゅう》家にみられた、「おんな家長」十八人について取り上げてきた。この数字を多いとみるか少ないとみるかは、基準をどこに置くかで違ってくるが、私自身の感覚としては、思っていたよりも多かった。もっともそれらは、これまでの戦国史研究のなかで認識されてきた事例にもとづいたものにすぎず、今後さらに個々の戦国大名・国衆家について、詳細な政治史研究が進展していくことで、新たに存在が認識されるものも出てくることであろう。またここでは、対象を、戦国時代の領域国家の主宰者である戦国大名・国衆家に絞ってきたため、その家臣まで広げれば、「女性当主」「おんな家長」の存在は、さらに多く存在したことであろう。戦国時代の戦国大名・国衆家における「おんな家長」の存在は、決して少なくはなかったといってよい。

　では「おんな家長」はどのような場合に、登場したのであろうか。十八人の事例からみると、基本的には、当主であった夫の死後に、新たな当主が年少であったり、政務を執るのが難しい状況にあったりと、当主が当主の役割を果たせない状況にあった場合、あるいは当主そのものが不在であった場合に、前当主の正妻で「家」妻の立場にあったものが、前当主の

「後室《こうしつ》」「後家」として当主の代行を務め、あるいは当主そのものとして政務を執った、というものであった。

ただしそうしたなかでも、清心尼（八戸直政後室）の場合にあったように、前々代の当主（いわゆる「大殿」）が健在であった場合に、その前々代当主が家長権を行使しており、また洞《とう》松院《しょういん》（赤松政則後室）の場合にあったように、家宰《かさい》が存在していれば、家宰が政務を代行しており、「おんな家長」は登場していない。その場合、「おんな家長」が登場するのは、そうした前々代当主や家宰までもが不在となった場合であった。また「家」妻も存在していなかった場合は、古河姫君《こがひめ》（足利義氏嫡女）の場合のように、前当主の嫡女が「おんな家長」を務めた。

なお家宰の存在は、洞松院の場合だけにみられたもので、その他の事例には、家宰の存在はみられなくなっている。家宰という存在は、室町時代半ば頃から有力武家でみられるようになったものであったが、戦国時代に入ると、多くの大名・国衆家で、その存在はみられなくなった。むしろ室町期的な「家」構造から戦国期的な「家」構造に転換するにあたり、いずれが領国支配を主導するかで、当主と家宰との相剋《そうこく》がみられたのが通例であった。そしてその相剋を克服することで、戦国大名・国衆家は、当主がすべてについて決裁する、当主の「直仕《じきし》置《おき》」態勢が成立をみるものとなった。

ただし戦国時代においても、当主の政務を代行するものとして、「執政」の存在がみられた場合もあった。羽柴秀吉死後の羽柴家における徳川家康の場合などである。その役割は基本的には家宰と同等とみなされるが、家宰がその家職であったのに対し、執政は基本的には一代限りであった点に、本質的な相違があろう。とはいえ執政が存在していれば、政務はそれに委ねられたから、「おんな家長」が登場するのは、家宰の場合と同じく、その執政も存在しなくなった場合であった、と理解できる。

これらのことから、「おんな家長」が登場する場合というのは、男性当主あるいは家長権を保持した男性の前代当主などが不在となり、さらに家臣のなかで当主の政務代行を務める家宰や執政までもが不在、という状況でのことであった、と認識できる。家父長制社会であったため、男性の当主もしくはそれに匹敵する存在、さらには当主の政務代行を務める存在があれば、政務はそれらが執ったが、それらが全くみられなくなると、「家」妻が、それもが不在の場合には、前当主の嫡女が、当主の政務を執り仕切ることになったのであった。

その意味では、「おんな家長」の登場は、かなり限定された状況でのことであったといえる。しかし逆に、その事例が十八人も存在したということは、戦国大名・国衆家では、かなりの頻度で、そのように男性の執政者が不在という状態がみられ、そのために「おんな家長」がそれなりの頻度で登場するものとなった、と認識できる。

「おんな家長」の役割

「おんな家長」による政務の内容については、基本的にはその発給文書から認識することができる。とはいえ、残された発給文書の数量は、決して十分な分量とは言いがたい。ただしそこには、当該の戦国大名・国衆家そのものの、発給文書の残存数が少ないという制約もあるように思う。そうしたなかで、「おんな家長」として出した、領国支配のための公文書として、寿桂尼《じゅけいに》（今川氏親後室）が一五通を残していて、これが現在のところ、「おんな家長」が発給した公文書数として、最も多い。寿桂尼はその時期、政務を執れない当主氏輝に代わって、まさに政務を代行していたものであった。これに次ぐ数量が、洞松院と岩城《いわき》親隆《ちかたか》妻（桂樹院）の八通、小山《おやま》秀綱《ひでつな》後室の七通、という具合になる。

内容をみてみると、洞松院と寿桂尼の場合では、前代当主による決裁内容を踏襲する代替わり安堵が基本であり、新規の決裁は抑制されていた状況がみられた。それらは当主が政務を執れるようになってから決裁するという取り決めになっていたとみなされる。しかしそうはいっても、事情によっては、新規の決裁も行われた。そのような新規の決裁については、のちに男性当主によってあらためて保証されていたが、新たな保証をうけることなく、「おんな家長」による保証が、そのまま継承されたと理解されるものもあった。

また両者の場合では、政務の内容は、領国統治に限られていて、家臣への所領充行《あてがい》や官途授与など、家臣団編成に関わる側面や、軍事・外交に関わる側面について、明確な関わりをみることはできなかった。これについては、時期が早い部類に属していることによるのか、ともに数か国を領国とする規模の大きな戦国大名家であったためなのか、あるいは単に史料が残存していないだけなのか、それについての判断は難しい。

そうしたところ戦国時代の終盤の時期における、岩城親隆妻や小山秀綱後室の場合になると、家臣への知行充行や官途授与といった家臣団編成、外交に関わる内容も確認されるようになっている。あるいは芳春院殿（足利晴氏後室）や浅井茶々（羽柴秀吉後室）の場合には、家老に対して身上を保証する起請文《きしょうもん》を出している。これらのことからすると、必要な場合には、そうした家臣団編成や外交に関わる文書も発給することもあった、とみることができる。そうした場合には、「おんな家長」によるとはいえ、その政務内容は、まさに当主と同等のものとして評価できる。

しかしそもそも、「おんな家長」の登場は、戦国大名・国衆家において、当主権限を行使する男性の不在によるものであった。そこでの役割は、まさに当主の政務を代行することにあった。そのため必要な場合には、当主権限すべてについて代行したし、それが可能であったと考えられる。ただし洞松院・寿桂尼の場合にみられたように、新規の決裁は停止すべきとする観念があったことも確かであった。そこには、本来は「家」妻による当主代行は、必ずしも適切な対処とは考えられていなかった状況が想定される。しかしそうではあっても、領国支配の維持のためには、当主に代わりうる、「家」妻による政務決裁が必要であったのであり、それゆえに多くの「おんな家長」が存在したのであった。そしてその存在は、まさに領域国家の国王であり、すなわち「女王」であった。

「おんな家長」は、当主が政治的に成長し、政務を開始すると、その立場から退き、もとの「家」妻の立場に戻った。ところがそれらのなかには、引き続き公的に政務に関与する存在もみられた。あるいは他者との外交関係において、その扱いをうけていたものもみられた。そのような状況は、洞松院をはじめ、芳春院殿、岩城親隆妻、浅井茶々などにみられており、割合としてはむしろ高いといえる。すでに当主による政務が行われていたなかで、彼女たちは公的な政務に関わっていたのである。その状況は、ちょうど隠居した前代当主が、引き続き政務に関与していた両頭制・両頭政治の状況と、基本的には同一とみなされる。「おんな家長」として、家長権の行使を経験したがゆえに、その立場は単なる「家」妻にとどまることなく、前代当主に相当する存在として位置した場合があったとみることができる。

「おんな家長」からの引退後、本来の「家」妻の役割にとどまるか、そのように前代当主さながらに政務に関与するのかは、おそらくそれぞれの戦国大名・国衆家の、政治状況によったに違いない。最も活躍をみせた寿桂尼は、「家」妻の役割にとどまっていたが、それは当主義元の政治能力が極めて秀でていたため、寿桂尼が関与する必要がなかったからと考えられるかもしれない。そうすると彼女たちの活動の内容や在り方は、戦国大名・国衆家を主宰する当主家の家族の有りよう、そこでの当主の力量に連動して、多様な在り方をみせたといえようか。

「おんな家長」の消滅

戦国時代にそれなりの数で存在していた「おんな家長」は、大名同士の戦争の終幕となった大坂の陣で滅亡した浅井茶々が、最後の事例になっている。そこに「おんな家長」の成立とその終焉を規定する、重要な因果関係をみることができるように思われる。戦国大名・国衆の本質は、自立的に領国統治をおこなう領域国家という点にある。最初の事例になる洞松院は、まさに畿内近国の戦国化を生み出した明応の政変の直後にみられたものであった。そして最後の事例となる浅井茶々は、江戸幕府への明確な服属を促されるなかで、その自立を保持しようとして戦争になり、滅亡していったものであった。

洞松院より以前、大名家の存立は室町幕府を中核とした政治秩序によって遂げられていた。浅井茶々より以後、大名家の存立は江戸幕府の統制の下で遂げられた。その間の一〇〇年以上の期間が、戦国時代であり、戦国大名・国衆という領域国家が自立的に存立した時代であった。大名家の存立が、上級権力の保証によっては維持されない時代であった。すなわち、その前後の時代というのは、大名家の存立において危機が生じた際には、そうした上級権力によって解決された。ところが戦国時代はそうではなく、大名家自体が自力でその危機を克服することで、初めてその存立は維持されたのであった。

戦国時代に「おんな家長」が広く存在したのは、まさにこのことによっていたと考えられる。自力によって大名家・国衆家の存立を果たさなければならないなか、当主が政務を執ることができない状況、さらにはそれを代行しうる男性がいない状況という、まさに「家」権力の存立の危機にあって、当主とともに「家」権力の維持に尽力してきた「家」妻が、当主権限を代行することで、その維持を果たしたのであった。これこそが、戦国時代に広範にみられた「おんな家長」の歴史的意義であった。そしてここには、家父長制原理を基調とした社会であっても、「家」権力の存立の危機にあっては、女性の登場が求められたことを意味している。そして彼女たちは、見事にその役割を果たし、「家」権力の存続を担ったのだといえる。

その一方で、気になる点は、浅井茶々の場合にみられた、女性が政治・軍事に関わることについての否定的な風潮の登場である。天下一統が成立する直前の天正年間末、南陸奥《むつ》では多くの「おんな家長」がみられていた。そこでは芦名家・二階堂家・田村家は、いずれも伊達政宗によって経略されたが、政宗は、それらについて「後家持ち」といいながらも、そのことに否定的な認識を全く示してはいなかった。ところが大坂の陣前後になると、浅井茶々の行為は、羽柴家家臣からも否定的に認識されるようになっており、そこに社会における認識の変化をうかがうことができる。

それが統一政権の成立にともなうものとすると、そこには統一政権の成立がもたらした、ジェンダーへの影響が認識されよう。統一政権の成立とその継続は、社会における自力救済を抑制し、それに代わって、政権を中核にした新たな社会秩序を生成し、それを固定化していくものであった。その過程で、女性の政治・軍事からの排除が進行した可能性がうかがわれる。現在の日本は、女性の社会参加、とりわけ政治参加について、ジェンダー・ギャップ指数が世界各国のなかでも最低ランクにある。そのことからすると、統一政権成立にともなって生じた、ジェンダー・ギャップをいまだに引きずっているともいえる。あらためて現代に引き継がれているジェンダー認識が、どのような歴史的経緯によって形成されたかの解明が必要であると思われる。

あとがき

本書では、戦国時代の領域国家である戦国大名・国衆《くにしゅう》家において、「おんな家長」として存在した人々、すなわち地域国家の「女王」として存在した人々、十八人を取り上げて、「おんな家長」としての事蹟についてとりまとめた。取り上げた人物のなかには、厳密にいうと戦国大名・国衆家の「おんな家長」とはいえないものもあるが、世間において「女城主」「女性当主」として取り扱われている人物についても、その実態を検証する意味を込めて、あえて取り上げたものもある。

私が戦国・織豊時代の女性に関心を寄せるようになったのは、二〇一七年に刊行した『羽柴家崩壊』（平凡社）で浅井茶々に注目するようになってからになる。その後、その関心のもと、『北条氏康の妻　瑞渓院』（二〇一七年、平凡社）、『今川のおんな家長　寿桂尼』（二〇二一年、平凡社）を刊行してきた。本書も、その延長に位置する。

本書の執筆を思い立ったのは、昨年の夏に、笠間書院の編集者から、戦国女性を主題にした著書の執筆の打診をうけたことによる。企画内容は、戦国・織豊の武家女性を広範に取り上げようとするものであった。しかし、ちょうど寿桂尼の本を書き上げた後のことで、そこで戦国・織豊の「おんな家長」を総体的に検討する必要を認識していたところであったため、本書の内容を提案し、了解を得られたことで、執筆することを決めたものになる。

作業は、各地の戦国大名・国衆家で「おんな家長」として存在したものの検出から始まった。しかしそこでは、先行研究の蓄積の多寡に、決定的に規定されるものとなった。そのため、先行研究の成果や私自身の検討結果をもとに、私が認識できた範囲で取り上げざるをえないものとなった。本文でも述べたが、今後、各地の戦国大名・国衆について具体的で精緻な研究がより進展していけば、さらに多くの存在を見いだすことができるものと思う。あらためて個々の戦国大名・国衆研究のさらなる進展を望みたい。

本書で取り上げた事例のなかで、私がこれまで直接に検討してきたものは、第二章の寿桂尼と第七章の浅井茶々にすぎない。また第三章・第四章で取り上げた人々についても、部分的に検討してきたものであり、馴染みは深かった。けれどもそれ以外については、私が本格的に検討に向き合ったのは、今回が初めてのことになる。それに関しては先行研究の成果に多くを拠《よ》るものとなった。しかしそれでも、あらためて検討するにともなって、いくつか新たな見解を示すことができたと思っている。

ともかくも本書によって、寿桂尼の本において課題とした、「おんな家長」の他の事例について、広範に検討することができた。その意味からして、本書はまさに寿桂尼の本の続編になろう。戦国・織豊の「おんな家長」について総体的に検討できたことで、その歴史的性格についてもかなり鮮明にすることができたと考える。そのうえであらためて次なる課題として見いだされるのが、寿桂尼の本でも掲げておいた、戦国・織豊の武家領主における「家」妻の役割とその動向の検出、把握、さらには女房衆という、女性家臣の役割とその動向の検出、把握、と考える。引き続きそれらの問題に取り組んでいくことで、戦国・織豊時代の女性役割、ひいては「家」構造の解明に尽力していきたいと思う。

これまで部分的ながらもすすめてきた、「おんな家長」や「家」妻について検討するにつれて思わざるをえないのは、わが日本の政治・社会文化の低レベルさである。それはジェンダー・ギャップ指数の低さに端的に表現されているといってよいが、日本の政治・社会文化は、本質的には明治時代からほとんど成長していないのではないか、と思わざるをえないくらいである。しかし冷静に考えてみれば、それは当然なのかもしれない。日本が制度的に民主国家となってから、また女性が参政権を獲得して真の「市民」化が遂げられてから、まだ七〇年ほどしか経っていない。

つい最近まで、社会をリードしてきた世代は、それ以前の政治・社会文化のもとで人格形成を遂げた人々であり、それに育成された世代が、いまだ社会をリードする地位にあるのが現状である。戦後生まれ世代を象徴する団塊世代が、ようやく七十歳代に乗ったにすぎず、その大半の政治・社会文化は、前時代を強く引きずったままなのが実際であろう。真に民主的、男女同権が意識されるようになったのは、日本がグローバル化に突入した一九八〇年代からのことであり、その時に二十歳代であった世代が、今ようやく五十歳代から六十歳代にさしかかっている。私自身は、まさにその世代にあたっている。この世代がようやくに、様々な側面で社会をリードする立場になりつつあるにすぎない。

現在、真に民主的、男女同権たらんとする状況と、前時代的な観念を維持しようとする状況が相剋《そうこく》しているように感じられる。勤務先の学生の授業コメントをみても、両様の状況が混在している。ともに親世代からの影響によるに違いない。それらの世代は、ちょうど私と同世代か、少し下の世代にあたっている。いまだに、近代日本で形成された、家父長制原理に基づいた特殊な「家族」制度の観念を克服していく条件が、十分に整えられていないのは、そのことの反映でもあろう。

しかし克服の動きは決して後戻りすることはないのだから、一刻も早くその整備をすすめていくことが大事であり、そうすることでより早く新たな社会関係の形成に向かうことができると考える。そのためには、無意識的にすり込まれてきた観念を客観視できる状態を構築し、それにより相対化できるようになることが必要であろう。

前時代的な観念は、前時代に形成されたイデオロギーにすぎず、人類史において普遍的なものではない。それを証明しうるのが歴史学研究の成果になろう。歴史学研究は、そうしたイデオロギーの内実を明らかにし、実態との乖離《かいり》、イデオロギーの欺瞞《ぎまん》性を明らかにすることができる。すなわち歴史学研究は、現在ある観念の、生成と展開の実態を解明し、その内実を解析することができる。私自身、これからも、ささやかながらその営為に尽力していきたいと考えている。

　最後に、本書の刊行にあたっては、笠間書院編集担当の糸賀蓉子さんにお世話になった。面倒な図版の手配にも尽力いただいた。あらためて御礼を申し上げます。

二〇二一年六月

黒田基樹

主要参考文献

跡部　信「高台院と豊臣家」（同著『豊臣政権の権力構造と天皇〈戎光祥研究叢書7〉』戎光祥出版、二〇一六年）

阿部能久『戦国期関東公方の研究』（思文閣出版、二〇〇六年）

粟野俊之「二階堂盛義後室―大乗院」（小和田哲男編『戦国の女性たち』河出書房新社、二〇〇五年）

石田悦夫「東北地方の戦国武将の印章」（『六軒丁中世史研究』五号、一九九七年）

今谷　明「洞松院尼細川氏の研究」（同著『室町時代政治史論』所収、塙書房、二〇〇〇年）

大石泰史編『今川氏年表　氏親・氏輝・義元・氏真』（高志書院、二〇一七年）

小笠原春香『戦国大名武田氏の外交と戦争〈戦国史研究叢書17〉』（岩田書院、二〇一九年）

小川　雄「一五五〇年代の東美濃・奥三河情勢」（大石泰史編『今川義元〈シリーズ・中世関東武士の研究27〉』戎光祥出版、二〇一九年）

垣内和孝「清顕没後の田村家中」（同著『伊達政宗と南奥の戦国時代』吉川弘文館、二〇一七年）

同　「三春城の攻防と郡山合戦」（南奥羽戦国史研究会編『伊達政宗　戦国から近世へ』岩田書院、二〇二〇年）

糟谷幸裕「「境目」の地域権力と戦国大名」（渡辺尚志編『移行期の東海地域史』勉誠出版、二〇一六年）

北川　央「浅井三姉妹の長女―淀殿」（小和田哲男編『戦国の女性たち』河出書房新社、二〇〇五年）

久保田順一『新田一族の戦国史』（あかぎ出版、二〇〇五年）
熊谷隆次「豊臣政権期の八戸」（『新編八戸市史通史編1』第四章第六節、八戸市、二〇一五年）
同「幕藩体制成立期の八戸氏」（同前第七節）
黒田基樹『戦国期東国の大名と国衆』（岩田書院、二〇〇一年）
同『古河公方と北条氏〈岩田選書・地域の中世12〉』（岩田書院、二〇一二年）
同『増補改訂戦国大名と外様国衆〈戎光祥研究叢書4〉』（戎光祥出版、二〇一五年）
同『井伊直虎の真実〈角川選書586〉』（KADOKAWA、二〇一七年）
同『羽柴家崩壊〈中世から近世へ〉』（平凡社、二〇一七年）
同『北条氏康の家臣団〈歴史新書y81〉』（洋泉社、二〇一八年）
同『戦国北条家一族事典』（戎光祥出版、二〇一八年）
同『今川氏親と伊勢宗瑞〈中世から近世へ〉』（平凡社、二〇一九年）
同『戦国大名・伊勢宗瑞〈角川選書624〉』（KADOKAWA、二〇一九年）
同『北条氏綱〈ミネルヴァ日本評伝選209〉』（ミネルヴァ書房、二〇二〇年）
同『戦国期関東動乱と大名・国衆〈戎光祥研究叢書18〉』（戎光祥出版、二〇二〇年）
同『今川のおんな家長　寿桂尼〈中世から近世へ〉』（平凡社、二〇二一年）
黒田基樹編『今川氏親〈シリーズ・中世関東武士の研究26〉』（戎光祥出版、二〇一九年）
小井田幸哉『八戸根城と南部家文書』（国書刊行会、一九八六年）
後藤みち子『中世公家の家と女性』（吉川弘文館、二〇〇二年）
同『戦国を生きた公家の妻たち〈歴史文化ライブラリー269〉』（吉川弘文館、二〇〇九年）

小林清治「蘆名家の衰亡」（『会津若松史第一巻』第四章第三節、会津若松市、一九六七年）
同「田村氏の三春移城」（『三春町史第一巻』第四編第四章第一節、三春町、一九八二年）
同「伊達氏支配下の三春地方」（同前第二節）
同「伊達晴宗夫人とその娘たち」（同著『戦国大名伊達氏の領国支配〈小林清治著作集1〉』岩田書院、二〇一七年）
同「佐竹勢力の浸透と岩城氏の衰微」（同著『戦国期奥羽の地域と大名・郡主〈小林清治著作集2〉』岩田書院、二〇一八年）
佐々木倫朗「須賀川城の攻防と戦国の終焉」（南奥羽戦国史研究会編『伊達政宗　戦国から近世へ』岩田書院、二〇二〇年）
佐藤博信『古河公方足利氏の研究』（校倉書房、一九八九年）
同『中世東国の支配構造』（思文閣出版、一九八九年）
同『中世東国政治史論』（塙書房、二〇〇六年）
同『中世東国の権力と構造』（校倉書房、二〇一三年）
柴　裕之『織田信長〈中世から近世へ〉』（平凡社、二〇二〇年）
鈴木将典「遠江松井氏の基礎的研究」（久保田昌希編『戦国・織豊期と地方史研究』岩田書院、二〇二〇年）
高橋充・岡田清一「戦国の争乱と相馬氏」（『原町市史第一巻』第三章第四節、原町市、二〇一七年）
長塚　孝「浄光院殿―足利義氏の室」（黒田基樹・浅倉直美編『北条氏康の子供たち』宮帯出版社、二〇一五年）

中野　等『立花宗茂〈人物叢書227〉』（吉川弘文館、二〇〇一年）
中野等・穴井綾香『近世大名立花家〈柳川の歴史4〉』（柳川市、二〇一二年）
野田泰三「戦国期播磨における大名家妻室について」（『女性歴史文化研究所紀要』二六号、二〇一八年）
林　哲『会津芦名四代』（歴史春秋社、一九八二年）
福島克彦『畿内・近国の戦国合戦〈戦争の日本史11〉』（吉川弘文館、二〇〇九年）
本多隆成『徳川家康と武田氏〈歴史文化ライブラリー482〉』（吉川弘文館、二〇一九年）
福田千鶴『淀殿〈ミネルヴァ日本評伝選44〉』（ミネルヴァ書房、二〇〇七年）
同『豊臣秀頼〈歴史文化ライブラリー387〉』（吉川弘文館、二〇一四年）
同『慶長・元和期の豊臣「公儀」変質過程の研究』（科学研究費補助金研究成果報告書、二〇一六年）
同『近世武家社会の奥向構造』（吉川弘文館、二〇一八年）
柳谷慶子「近世初頭の女性領主」（同著『近世の女性相続と介護』吉川弘文館、二〇〇七年）
湯川敏治「『守光公記』に見る播磨国の禁裏料所について」（『史泉』一〇四号、二〇〇六年）
横山住男『中世美濃遠山氏とその一族〈岩田選書・地域の中世20〉』（岩田書院、二〇一七年）
渡辺大門『赤松氏五代〈ミネルヴァ日本評伝選113〉』（ミネルヴァ書房、二〇一二年）
同『備前浦上氏〈中世武士選書12〉』（戎光祥出版、二〇一二年）
同「播磨国守護赤松義村の領国支配構造」（同著『中世後期の赤松氏〈日本史史料研究会研究叢書4〉』（日本史史料研究会、二〇一一年）

【著者紹介】

黒田基樹（くろだ・もとき）

1965年、東京都に生まれる。1995年、駒沢大学大学院人文科学研究科博士後期課程満期退学。現在、駿河台大学法学部教授。著書に『中近世移行期の大名権力と村落』（校倉書房、2003年）、『戦国大名 政策・統治・戦争』（平凡社新書、2014年）、『百姓から見た戦国大名』（ちくま新書、2006年）など。

戦国「おんな家長」の群像

2021年８月30日　　初版第１刷発行

著　者　黒　田　基　樹

発行者　池　田　圭　子

発行所　**笠　間　書　院**

東京都千代田区神田猿楽町2-2-3［〒101-0064］

電話　03-3295-1331　　Fax　03-3294-0996

ISBN978-4-305-70944-8　C0021

組版　STELLA　印刷／製本　モリモト印刷

装幀　鎌内 文（細山田デザイン事務所）

https://kasamashoin.jp

＊本書136ページに掲載の史料「岩城親隆妻黒印状」につきまして、原本所蔵者を探しています。ご存知の方がいらっしゃいましたらお手数ですが上記（出版元）までご連絡ください。